Die Kursächsische Armee 1730–1732

ZEUGHAUS VERLAG GmbH

„Dieses Lager, – heißt es in einem Aktenstücke aus jener Zeit – die merkwürdigste Begebenheit der Welt, in diesem Jahre, setzte ganz Europa in staunende Verwunderung, in dem sie der ganzen Welt mitten im Frieden die völlige Kriegskunst gleichsam spielend vorstellte."

O. Schuster und F. A. Francke
Geschichte der sächsischen Armee, Erster Theil, S. 200

Autor: Wolfgang Friedrich
Zeichnungen: Wolfgang Friedrich

Lektorat: Michael Danhardt
Layout: Stefan Müller

Herausgeber: Zeughaus Verlag GmbH
Knesebeckstr. 88
10623 Berlin
Telefon: 030/315 700 30
Fax: 030/315 700 77
Email: info@zeughausverlag.de
Internet: www.zeughausverlag.de

Bibliografische Informationen der Deutschen Bibliothek. Die Deutsche Bibliothek verzeichnet diese Publikation in der Deutschen Nationalbibliografie; detaillierte bibliografische Daten sind im Internet über http://dnb.ddb.de abrufbar.

Printed in European Union

ISBN: 978-3-96360-053-1

Titelbild
General vom Ingenieurkorps 1729
General in Interimsuniform 1730–1732
General in großer Uniform 1730–1732
(Siehe auch Seite 39)

INHALT

Danksagung

Der Autor fühlt sich verpflichtet, den unten genannten Damen und Herren Dank zu sagen für die stets geleistete freundschaftliche Hilfe und Unterstützung bei der Arbeit an dem hier vorliegenden Buch.

Lutz Amsel / Strausberg

Dr. Gerhard Bauer / Dresden

Hans-Dieter Brucksch † / Dresden

Manfred Ebert / Halle (Saale)

Günther W. Fricke / Ilsenburg

Dr. Götz-Dieter Friedrich / Dresden

Cornelia Hofmann / Dresden

Sabine Holtermann / Pirna

Gernot Klatte / Dresden

Rolf Noeske / Meckenheim

Holger Schuckelt / Dresden

Dr. Arno Störkel / Würzburg

Dresden, November 2022

Wolfgang Friedrich

VORWORT

Das Großmachtstreben Augusts des Starken und das sächsisch-polnische Heer seiner Zeit

Dieses Werk ist dem Erscheinungsbild des sächsischen Heeres in der Epoche Augusts des Starken gewidmet. Die Regentschaft dieses sächsischen Kurfürsten, der zweimal die polnische Königswürde erlangte, gilt noch vielen Bürgern und Bürgerinnen des heutigen Freistaats und Bundeslandes Sachsen als identitätsstiftend. Die Militärmacht, die August einst benötigte und einsetzte, um seine politischen Ambitionen zu realisieren, spielt in der heutigen Erinnerungskultur allerdings keine Rolle mehr. Um den Eindruck zu korrigieren, August hätte nur prunkvolle Bauten, exquisite Kunstsammlungen und Preziosen schaffen lassen, sei hier die Genese des sächsischen Heeres vom Dreißigjährigen Krieg bis zur Regentschaft Augusts des Starken in einem kurzen Überblick dargestellt.

Der Prunk, den August entfaltete, diente politischen Zwecken. Das betraf die Uniformierung der Truppen Augusts ebenso wie die verschwenderische Ausstattung der Residenzen. Im Hauptteil des Buches wird offenkundig werden, dass die Streitmacht des Königs von Polen und Kurfürsten von Sachsen ebenso seiner Repräsentation und Machtdemonstration dienen sollte, wie die erwähnten Glanzleistungen von Architekten, Künstlern und Kunsthandwerkern, für die er Unsummen aufwenden ließ. Geblieben, und oft auch wieder errichtet, sind Erinnerungsorte in Krakau und Dresden. Die Großmachtträume Augusts überdauerten die Regentschaft seines Sohnes nicht.[1]

Am Ende des 17. Jahrhunderts war Europa weit entfernt von einem Gleichgewicht der Kräfte. Das Heilige Römische Reich Deutscher Nation war aus dem Dreißigjährigen Krieg „schwer verletzt" hervorgegangen, wie es in einem zeitgenössischen Lied hieß. Ein Drittel der Gesamtbevölkerung in den deutschen Territorien des Reiches war zwischen 1618 und 1648 umgekommen, gefallen, ermordet oder an Auszehrung und Seuchen gestorben. Gesiegt hatten weder die katholische Liga noch die evangelischen Fürsten. Dafür waren Frankreich und Schweden gestärkt aus dem Konflikt hervorgegangen. Beide Staaten waren bestrebt, aus ihrer Überlegenheit weiteren Nutzen zu ziehen.

In Sachsen endeten die Kampfhandlungen 1645, nach dem Abschluss des Waffenstillstands von Kötzschenbroda. Sächsische Truppen waren jedoch bis zum Westfälischen Frieden von 1648 jenseits der Grenzen des Kurfürstentums im Einsatz. Bis Ende Juni 1650 standen in Sachsen zudem noch schwedische Truppen, die erst abrückten, als die vereinbarte Kriegskontribution von 267 107 Talern vollkommen entrichtet war. Sachsen, einst auf Grund seines ertragreichen Bergbaus und seiner Handelsbeziehungen einer der wohlhabendsten deutschen Staaten, war nach dem Krieg verarmt und verwüstet, wie so viele andere Länder auch.

Der „Große Krieg", wie der Dreißigjährige bisweilen genannt wurde, bevor man auch nur ahnte, dass es noch verheerendere militärische Auseinandersetzungen geben könnte, hatte 1648 geendet. Ein allgemeiner Friede war damit aber nicht angebrochen. Der Kaiser sah sich mehrfach genötigt, die Reichsstände auf dem immerwährenden Reichstag in Regensburg zur Stellung von Truppenkontingenten auffordern zu lassen. Im Südosten flammten periodisch Kämpfe mit den Osmanen auf. Im Westen drohte die neue militärische Supermacht Frankreich. Mit Schweden war ebenso weiterhin zu rechnen.

Unter diesen Umständen war es unabdingbar, das Militärwesen zu reformieren, auch wenn in allen zuvor vom Dreißigjährigen Krieg betroffenen Staaten die Staatskassen leer waren. Fortan sollte vermieden werden, dass Kriegsvolk einen Konflikt nicht sterben ließ, weil es sich selbst nur mit Gewalt und Beute am Leben erhalten konnte. Kriege sollten planbar werden und Armeen unter permanenter Kontrolle der Landesherrschaft stehen.

In Sachsen war es Kurfürst Johann Georg III. (1647–1691), der ein „stehendes Heer" schuf. Am Vorabend des „Großen Türkenkrieges", der 1683 in der Belagerung und dem Entsatz von Wien gipfeln würde, umfasste die kursächsische Armee etwa 10 000 Mann aller Truppengattungen.[2] Johann Georg IV. (1668–1694), dem nur eine kurze Regentschaft vergönnt war, setzte die Politik seines Vaters fort. Sachsen war nun zusammen mit Brandenburg und Bayern eine der Mächte im Reich, die militärisches Gewicht besaßen.

Der Nachfolger Johann Georgs IV., August (1670–1733), ging mit dem Beinamen „der Starke" in die Geschichte ein und darf bis heute als der bekannteste der wettinischen Herrscher Sachsens gelten. Berühmt wurde er allerdings nicht als Feldherr, sondern für die Prachtentfaltung seiner Herrschaft, für seine verschwenderische Bautätigkeit und Sammelleidenschaft, welche nicht zuletzt die Grundlage für den Reichtum der Staatlichen Kunstsammlungen in Dresden legte. Dabei war er durchaus bestrebt, seine Macht zu mehren.

Die polnische Königskrone, die Kurfürst August 1697 gerne annahm und wofür er auch seine Konfession wechselte, verwickelte Sachsen in mehr Konflikte, als sein Militär bewältigen konnte. Das Kurfürstentum war dem Kaiser des Heiligen Römischen Reiches zur Heerfolge verpflichtet und hatte demzu-

1 Simon Winder bescheinigte den beiden Wettinern, die er boshaft „the Strong and the Fat" nannte „sheer uselessness" und gab ihnen eine Mitverantwortung am Untergang Polens als souveräner Staat im 18. Jahrhundert. Vgl.: Simon Winder, Germania, London 2010, S. 238–239.

2 Reiner Gross, Geschichte Sachsens, 3. Auflage, Leipzig 2004, S. 115.

folge Truppen für die Reichskriege gegen Osmanen und Franzosen zu stellen. August beteiligte sich aber auf Seiten Russlands und Dänemarks auch am Großen Nordischen Krieg (1700–1721) gegen Schweden. 1706 führten Niederlagen gegen das Heer des Schwedenkönigs Karl XII. dazu, dass August 1706 der polnischen Krone entsagen musste. Der russische Sieg über die Schweden bei Poltawa und die Unterstützung Zar Peters I. führten August dann 1709 wieder zurück auf den polnischen Königsthron. Bis zu seinem Tod 1733 würde er ihn nicht mehr räumen.

August posierte als Herrscher und Kriegsherr für Porträts, standes- und zeitgemäß oft mit den Attributen eines fürstlichen Feldherrn, im Harnisch, Hermelinmantel und mit Kommandostab. Militärisches Talent bewies er indes keines. Augusts Machtstreben führte Sachsen immer wieder an den Rand des Ruins. Mehrfach war seine Haupt- und Residenzstadt durch gegnerische Truppen bedroht und besetzt. Unter der Herrschaft seines Sohnes wurde sie im Siebenjährigen Krieg gar schwer zerstört.[3] Dennoch erscheint das „Augusteische Zeitalter“ in der Rückschau als eine glückliche Epoche. Seit beinahe drei Jahrzehnten wird das Zentrum von Dresden in seinen vermeintlichen barocken Idealzustand zurückversetzt, um an die Bedeutung der Residenz und die kulturelle Blütezeit der Stadt zu erinnern.

August der Starke inszenierte seine Herrschaft – wie jeder seiner fürstlichen Zeitgenossen – als prächtiges Schauspiel. Das galt auch für das Militärwesen. Militärmanöver waren wochenlange Freiluftveranstaltungen für den Hof und seine Gäste. Die Bewegungen der Truppen im Gelände und auf Revuen bildeten die martialische Staffage für Festivitäten, die stets von recht unmilitärischen Lustbarkeiten begleitet wurden. Die bekanntesten und aufwendigsten dieser Veranstaltungen unter der Regentschaft Augusts des Starken waren die Truppenzusammenziehungen in den Lagern von Zeithain (1730) und Czerniaków (1732), einmal in Sachsen und einmal in Polen. Diese „campements“ sollten beeindrucken und Macht demonstrieren. Über das Zeithainer Lager konnte man lesen, dass *„dergleichen an erstaunender Pracht und zierlicher Ordnung anderweit wohl schwerlich gesehen worden. Es wohneten denselbigen nicht nur abermaln der König von Preussen und viel andere Fürsten bey, sondern wurden auch aus den entlegensten Reichen und Landen unzehlich hohe und niedere Passagiers herbey gelocket, und von ihnen viel Geld consummiret.“*[4]

Das zwei Jahre später in der Nähe von Warschau abgehaltene und nicht weniger glanzvolle Lager von Czerniaków scheint allerdings auch in einem negativen Sinne Aufsehen erregt zu haben. In Polen wurde es in antisächsischen Kreisen als Drohgebärde wahrgenommen.[5] August selbst erregte sich darüber, ja zeigte sich persönlich beleidigt: *„Wir haben mit grösstem Mißfallen erfahren müssen, daß man die Revüe der Cron=Armee, so Wir vor Kurtzen bey Warschau, nach Teutscher Kriegs=Disciplin, aus guter und aufrichtig gemeynter Absicht, mit grossen Kosten und lediglich zum Besten des Vaterlandes, um nur die Kriegs=Exercitia, so Zeit hero fast gäntzlich negligiret waren, wiederum empor zu bringen, gehalten hatten, verdächtig machen wollen [ ] Ja man ist noch weiter gegangen, hat gantz Ehrvergessener Weise aussprengen wollen, es gienge Unsere Intention dahin, uns eine absolute Souverainität anzueignen, Warschau mit Sächsischen Truppen zu belagern, und einen Reichs=Tag unter den Waffen zu halten.“*[6]

Die oben erwähnten Befürchtungen waren keinesfalls unbegründet, erinnerten sie doch an den Einmarsch sächsischer Truppen 1697 in Polen, die Augusts Königswahl gegenüber dem Kandidaten der frankreich-freundlichen Partei im Land letztlich erzwangen.[7]

Königlich-polnische und kurfürstlich-sächsische Truppenteile unterschieden sich äußerlich kaum voneinander. Ausnahmen bildeten diejenigen polnischen Formationen, die Nationaltrachten nachempfundene Uniformen trugen. Darüber hinaus unterhielt August der Starke eine Reihe von Haustruppen, die, dem Zeitgeist geschuldet, vor allem Staunen erregen sollten. Entsprachen die polnischen Prunkkürassiere und die Schweizer Gardisten noch jeweils landesüblichen Traditionen, so waren die sächsischen Janitscharen eine Modeerscheinung, die auf die nach 1683 in Mitteleuropa aufkommende „Turkomanie“ zurückging. Ähnlich den friedlich erworbenen Schätzen für Augusts „Türckische Kammer“, hatten diese Krieger in Turban und Kaftan kaum etwas mit militärischen Erfolgen des sächsischen Heeres zu tun. Ihre Exotik gehörte zur Prachtentfaltung des Königs und Kurfürsten.

Im deutschen und europäischen Vergleich waren die sächsischen Heere des frühen 18. Jahrhunderts typisch für ihre Epoche. Sie setzten sich aus Formationen zusammen, die als Haustruppen des Kurfürsten und Königs firmieren konnten, die also wie die Janitscharen oder Prunkkürassiere eher zeremonielle Aufgaben zu erfüllen hatten, aus Kampftruppen zu Fuß und zu Pferde mit Gardestatus, aus einem Hauptan-

3 Günter Jäckel (Hrsg.), Dresden zur Goethezeit. Die Elbestadt von 1760 bis 1815, 2. Auflage Berlin, 1990, S. 15.

4 Sigmund von Birken, Königlich- auch Chur- und Fürstlich-Sächsischer Helden-Saal, Oder Beschreibung der vornehmsten Geschichte dieses Durchlauchtigsten Hauses: Samt dessen Genealogien, Wapen und Bildnissen, Band 2, o. O. 1734, S. 435.

5 Die Kandidatur des Kurfürsten von Sachsen für die Nachfolge des 1696 verstorbenen Königs von Polen Jan III. Sobieski war überraschend erfolgt und seine Wahl 1697 gegen mehrere Mitbewerber fand nicht den Beifall aller polnischen Adeligen. Am Wahltag, dem 27. Juni, entschieden sich die zuletzt noch rivalisierenden Lager des polnischen Adels für ihre jeweiligen Favoriten. Die frankreich-freundliche Partei wählte François Prince Conti und die Sachsen zuneigende Fraktion den Wettiner August.

6 Birken, S. 437.

7 Reiner Gross, Geschichte Sachsens, 3. Aufl., Leipzig 2004, S. 127.

teil von weniger herrschernahen Infanterie- und Kavallerieregimentern, die man später als Linientruppen bezeichnen würde, und aus den „armes savantes“, der Artillerie und dem Ingenieurkorps. Dazu kamen unterschiedliche Branchen des Versorgungswesens, der Verwaltung und des Stabes. Abweichend von mitteleuropäischen Standards waren die berittenen polnischen Verbände, die mit Lanzen und Säbeln bewaffnet waren. Erst gegen Ende des 18. Jahrhunderts würden solche Ulanen- oder Lanzenreiterverbände auch in anderen Heeren aufgestellt werden.

Die Ordonnanzbewaffnung der sächsisch-polnischen Truppen bestand, abgesehen von einigen polnischen Eigentümlichkeiten, aus glattläufigen Steinschlossgewehren und -pistolen sowie Artilleriegeschützen mit gegossenen Bronzerohren. Spundbajonette für Gewehre verschwanden zugunsten von Dillenbajonetten. Diese blockierten nicht mehr die Mündung des Gewehrlaufs, sodass der Schütze auch mit aufgepflanzter Seitenwaffe laden und feuern konnte. An Blankwaffen führte man gemeinhin Pallasche und Degen mit geraden Klingen, sowie Säbel mit gekrümmter Klinge. Stangenwaffen waren, außer bei den polnischen Lanzenreitern, nicht mehr gebräuchlich, nachdem Pikeniere bei der Infanterie im ausgehenden 17. Jahrhundert in allen europäischen Heeren überflüssig geworden waren. Die Spontons von Offizieren und die Stangenwaffen von Unteroffizieren der Fußtruppen galten als Rangabzeichen und nicht als Waffen.

Die Militärmusik diente in erster Linie der Signalgebung. Bei den berittenen Truppen oblag dies den Feldtrompetern. Bei schweren Reiterregimentern wurden zusätzlich Pauker eingestellt. Damit führte man eine im Mittelalter begründete Tradition fort, die Trompetern und Paukern eine wichtige repräsentative Funktion, nicht zuletzt als Begleiter von Herolden, übertragen hatte. Das erklärt auch ihre oft prächtige Uniformierung. Bei vielen Regimentern trugen sie die Röcke in den Wappenfarben der Inhaber.

Auch die Trommler und Querpfeifer und die Spielleute der Fußtruppen trugen Livreen oder mit Tressen und Litzen geschmückte Röcke. „Musikbanden“ oder „Hoboisten“ waren ein Luxus, den sich nicht jedes Regiment leistete. Sie spielten Instrumente, die sich für Harmoniemusik eigneten, Holzblasinstrumente und Waldhörner. Daneben beherrschten sie oft auch Saiten- oder Tasteninstrumente. Es handelte sich um zivile Musiker, die von Truppenteilen engagiert wurden. Ihr Repertoire umfasste neben Marschweisen im Idealfall alle Musiken, die in ihrer Zeit populär waren. Sie spielten zu Offiziersbanketten, Tanzvergnügen und Festen in ihrem Stationierungsort auf. Von den Spielleuten und den Angehörigen der Kampftruppen beneidet, weil ihre Gagen oft höher als der Sold der Truppe waren und belächelt oder verhöhnt, weil man sie nicht als vollwertige Soldaten erachtete, galten sie dennoch als wichtige Werbeträger ihrer Regimenter.

Wie können wir uns heute noch ein Bild machen vom Aussehen der sächsisch-polnischen Streitmacht Augusts des Starken? Im zweiten Kapitel dieser Einführung wird deutlich werden, dass unsere Vorstellungen aus vielen Quellen schöpfen. Wolfgang Friedrich, der Illustrator und Autor dieses Buches musste diese Quellen nicht nur finden und anzapfen, sondern ihre Aussagekraft und Plausibilität überprüfen.

Zwischen Fantasie und Wissenschaft: Uniformkunde und Uniformmalerei

Uniformkunde ist eine verhältnismäßig junge Hilfswissenschaft. Die Monturen der Kriegsvölker Europas wurden im 18. Jahrhundert zwar abgebildet, aber nicht erforscht. Viele Darstellungen, zumal Genrestücke von Reiterkämpfen oder Lagerszenen der Jahre um 1700, fielen formelhaft aus. So lassen entsprechende Gemälde von Künstlern wie Georg Philipp Rugendas dem Älteren (1666–1742) stets viele Fragen offen. Selten ist es möglich zu überprüfen, ob es die von barocken Hofmalern wie Franz Joachim Beich[8] (1665–1748) gemalten Uniformen tatsächlich gegeben hat. Uniformvorschriften wie wir sie aus dem späteren 18. und vor allem aus dem 19. Jahrhundert kennen, gab es in der Frühzeit der stehenden Heere kaum. Die Detaillierungsgrade der Vorgaben für Uniformschneider konnten sehr unterschiedlich ausfallen. Oft beschränkten sie sich auf Angaben zu dem Material, das verwendet werden sollte und zu dessen Farben. Schnittmuster sind nicht überliefert und sie existierten damals möglicherweise auch gar nicht. Letzteres lassen authentische Stücke der Barockzeit vermuten, die bisweilen recht eigenwillig zusammengenäht wurden. Um den ausführenden Schneidern nicht einen zu breiten Interpretationsspielraum zu gewähren, wurden ihnen gelegentlich bildliche Darstellungen der gewünschten Monturen oder auch Tuchproben zur Verfügung gestellt. In Preußen – sicher aber auch in anderen Staaten – wurden darüber hinaus Musterbücher mit den Distinktionen aller Truppenteile zusammengestellt. Sie enthielten unter anderem Exemplare von Tressen, Litzen und Borten, die an den Uniformteilen der einzelnen Regimenter anzubringen waren.[9]

Monarchen und Fürsten gaben für Ihre Schlösser oft ganze Zyklen von Gemälden, auf denen Schlachten, Belagerungen oder Manöver dargestellt wurden, in Auftrag. Sie zählen bis heute zu den wichtigsten uniformkundlichen Quellen der Barockzeit. Man darf zumindest annehmen, dass den Künstlern auferlegt war, möglichst wahrheitsgetreue Darstellun-

8 Beich arbeitete für Maximilian II. Emanuel, Kurfürst von Bayern. Von ihm stammen Schlachtengemälde im Viktoriensaal des Schleißheimer Schlosses, die an Siege Max Emanuels über die Osmanen in den Jahren 1683–1685 erinnern.

9 Das Deutsche Historische Museum bewahrt ein Tressenmusterbuch für das preußische Heer von 1754/55. Vgl. auch: Daniel Hohrath, Friedrich der Große und die Uniformierung der preußischen Armee von 1740 bis 1786. 2 Bände, Wien 2011.

gen der beteiligten Personen und Armeen zu schaffen. Bemerkenswert sind in diesem Zusammenhang die Schlachtengemälde von Louis-Nicolas van Blarenberghe (1716–1794) in Versailles.

Im 18. Jahrhundert entstanden auch Überblickswerke zur Uniformierung ganzer Armeen. Es gab sie in Gestalt von Gemäldegalerien, wie die berühmte Serie des Schweizers Pierre David Morier (1705–1770), die auf Schloss Windsor aufbewahrt wird. Es gab auch schlichtere Varianten, etwa in Gestalt von Schematafeln, Stammlisten mit Uniformangaben oder illustrierten Büchlein mit Typen aller Formationen eines Heeres. Besonders verlässlich scheinen Porträts, welche im 18. Jahrhundert von den Chefs oder den Offizierskorps zahlreicher Regimenter bei mehr oder minder begabten Künstlern in Auftrag gegeben wurden. Diese sind aber selten vollständig überliefert. Im österreichischen Burgenland haben sich auf Burg Forchtenstein [10] 35 Bildnisse einer Offiziersgalerie des k.k. Husarenregiments Paul II. Anton Fürst Esterházy aus der der Zeit der Schlesischen Kriege erhalten. Aus dem gleichen Zeitraum sind dort Bildnisse von Offizieren eines Infanterieregiments überliefert, für das diese ungarische Adelsfamilie ebenfalls den Obristen stellte.

Das öffentliche Interesse an Uniformbildern wuchs gegen Ende des 18. Jahrhunderts, als nicht mehr nur Monarchen und Fürsten gegeneinander Krieg führten, sondern im Gefolge der Französischen Revolution Vaterlandsverteidigung zur Bürgerpflicht erklärt und Uniformen vom „Sterbekittel" des Absolutismus zum „nationalen Ehrenkleid" erhoben wurden. Elegant ausgeführte, kolorierte Stiche stellten dem Publikum das eigene stolze Heer vor. Andere karikierten bizarr gewandete oder zerlumpte Gegner, wie die Truppen der französischen Ersten Republik oder ergötzten sich an als exotisch empfundenen „fremden" Kriegsvölkern wie Kosaken, Baschkiren oder Schotten, Osmanen und Mameluken. Künstler wie Wilhelm von Kobell (1766–1853) oder Johann Adam Klein (1792–1875) verliehen vielen ihrer Arbeiten dokumentarischen Wert dadurch, dass sie sie auf der Basis von Skizzen nach der Natur ausführten. In der Zeit der Kriege der Französischen Revolution und Napoleons, also zwischen 1792 und 1815, entstanden auch viele Bilderhandschriften. Geschaffen von Augenzeugen der zahlreichen Truppendurchzüge und -stationierungen, welche in bisweilen naiven Darstellungen das bunte Bild der multinationalen Grande Armée und der gleichermaßen vielgestaltigen Heere der antinapoleonischen Koalitionen festhielten, wurde ihr bedeutender Quellenwert erst im späten 19. Jahrhundert erkannt. Heute sind von manchen dieser Manuskripte nur noch Kopien vorhanden, etwa von der verschollenen „Meißner Bilderhandschrift", die um 1813 entstanden sein muss. [11]

Was wir als Uniformkunde verstehen, begann in der gleichen Epoche. Die Erforschung der Geschichte und Dokumentation von Uniformen, Kostümen und Trachten ergab sich aus dem Bestreben von Künstlern, Geschichte möglichst authentisch abzubilden. Hatten Künstler der Renaissance und des Barock die Protagonisten ihrer Historienbilder – die Sujets reichten von biblischen und mythologischen Szenen bis hin zu weiter zurückliegenden Ereignissen der Geschichte – recht fantasievoll und dem jeweiligen Zeitgeschmack entsprechend „gekleidet", ging es Historienmalern im ausgehenden 18. Jahrhundert immer mehr um die Anmutung von Authentizität, in moralisierenden Antikenbildern ebenso wie in monumentalen, heroisierenden Schlachtengemälden.

Die Blütezeit der Heereskunde und damit der Militärmalerei fiel zusammen mit der Hochphase des Nationalismus und in Deutschland mit dem 1871 begründeten Kaiserreich. Im Gefolge des gewonnenen Deutsch-Französischen Krieges waren Soldaten und Uniformen so populär wie niemals zuvor. Zahlreiche Künstler schufen Schlachtengemälde für die regierenden Fürsten und die Offizierscasinos ihrer Regimenter. Uniformserien fingen den Zauber der Montur ein. Kaiser Wilhelm II. erwarb sie in Öl, das weniger begüterte Publikum kaufte Stiche, Kunstdrucke oder Bilderbögen.

Der Glogauer Richard Knötel (1857–1914) wurde zum Vater der wissenschaftlich betriebenen Uniform- und Heereskunde. Sein Hauptwerk, das bis heute Bestand hat, [12] ist die ab 1890 publizierte „Uniformenkunde" in 18 Bänden, das nach seinem Tod von seinem Sohn Herbert fortgeführt und mit Hilfe weiterer Uniformmaler wie Fritz Kredel (1900–1973) und Ludwig Scharf (1864–1939) vollendet wurde. Richard Knötel baute ein internationales Netzwerk aus Spezialisten auf, die ihn mit Informationen aus den Quellenbeständen ihrer Heimatländer versorgten und welches es ihm erlaubte, in seiner „Uniformenkunde" weit über die Grenzen Deutschlands und Europas hinauszugreifen.

Nach 1918 profitierten Künstler wie Herbert Knötel (1893–1963) [13] oder Erich R. Döbrich-Steglitz (1896–

10 Heereskundler, die sich mit dem Zeitraum von der frühen Neuzeit bis ins 19. Jahrhundert befassen, finden wenige Sammlungen, die so spektakulär in ihrer Vielfalt und Authentizität sind wie die militärischen Bestände von Burg Forchtenstein. Sie basieren auf dem Material, das in Zeughäusern die Zeit seit den Türkenkriegen überdauerte, auf Trophäen der Esterházy-Regimenter – etwa die Maxener Beute von 1759 – und auf deren eigener Ausstattung.

11 Vgl.: Markus Stein, in: http://www.napoleon-online.de/meissenerBH.html, 08.06.2022.

12 Manche Details der Darstellungen Richard Knötels entsprechen nicht mehr dem Stand der Forschung, doch ist die „Uniformenkunde" weiterhin in ihrer Bandbreite unübertroffen. Knötels Hauptverdienst liegt in seiner Quellenarbeit, die offen legte, wovon er seine Darstellungen ableitete.

13 Herbert Knötel, an der Berliner Kunstakademie ausgebildet, 1914 bei Tannenberg verwundet, setzte das Werk seines Vaters Richard fort. 1938 wurde er Kustos am Berliner Zeughaus und folgte damit dem Kunsthistoriker Paul Post nach, der 1937 entlassen worden war, weil er sich nicht von seiner jüdischen Ehefrau trennen wollte.

1945)[14] von der nostalgischen Verklärung der untergegangenen „Alten Armee" der Monarchie und der Traditionspflege der Reichswehr, aber auch von Kontakten innerhalb rechtsnationalistischer Milieus. Dies setzte sich im Nationalsozialismus und im Zusammenhang mit der Militarisierung der Gesellschaft bis zum Beginn des Zweiten Weltkrieges fort.

Nicht vergessen sei dabei, dass ab 1933 profilierte jüdische Sammler und Heereskundler, darunter Otto Gottstein (1892–1951) und der begnadete Fritz Kredel ausgegrenzt und verfolgt wurden.[15] Der Leipziger Otto Gottstein, der bis zu seinem Lebensende ein begeisterter Zinnfigurensammler war, nutzte seine Kontakte, um die besten Grafiker und Graveure für seine Projekte zu gewinnen. Fritz Kredel wirkte mit einer Reihe von Tafeln an der von Herbert Knötel initiierten „Neuen Folge" der „Uniformenkunde" mit, die 1936 bis 1939 veröffentlicht wurde. Gottstein ging ins englische Exil, Kredel in die USA.

Dem Krieg fielen letztlich viele militärgeschichtliche Sammlungen, Sammler und Militärmaler auch in Deutschland zum Opfer. Der kriegsversehrte Döbrich-Steglitz wurde 1945 als Offizier eines hastig zusammengestellten Alarm-Bataillons getötet. Herbert Knötel verlor seine Wohnung, seine Sammlung und den Nachlass seines Vaters Richard Knötel während der Kämpfe um die Reichshauptstadt. Danach hielt er sich mit Auftragsarbeiten für alliierte Offiziere, wie den amerikanischen Oberst John R. Elting (1911–2000), über Wasser. Militär und Militärgeschichte waren jedoch nach 1945 in Deutschland diskreditiert. Interesse und Bedarf für Uniformmalerei gab es kaum noch. Sie lebte allerdings dank der kleinen, aber durchaus weiterhin aktiven Szene fort, in der Sammler von Zinnfiguren am Erwerb von heereskundlicher Literatur und Bemalungsvorlagen interessiert blieben. Hatte es bereits in der Zeit zwischen den Weltkriegen einen grundlegenden Wandel vom spielerischen Gebrauch von Zinnfiguren hin zu ihrer Nutzung als Mittel der Geschichtsdarstellung gegeben, setzte sich dieser Trend nach 1945 fort. Das galt auch im geteilten Deutschland.

In der Bundesrepublik arbeiteten Uniformmaler für verschiedene Fachzeitschriften, die entweder mit Sammlervereinigungen wie der KLIO[16] oder der altehrwürdigen Deutschen Gesellschaft für Heereskunde verbunden waren. Auch Projekte und Verlage, die bisweilen nur wenige Jahre existierten, beschäftigen Künstler wie Herbert Knötel oder Paul Pietsch (1879–1973). In den 1970erJahren schuf Wolfgang Tritt (1913–1983) zahlreiche, sehr elegante Darstellungen von Soldaten vom ausgehenden 17. Jahrhundert bis zum Ersten Weltkrieg. Sie wurden als Postkartenserien vertrieben und illustrierten Wandkalender des Korsch-Verlages. Waren in Zeiten vor der Etablierung des schnellen Versandhandels in Provinzstädten so gut wie nie heereskundliche Fachbücher zu erhalten, so hatte man immer gute Chancen, in Buchhandlungen einige der Uniformgrafiken Tritts auf Postkarten oder Kalendern zu ergattern.

In der sowjetischen Zone und ab 1949 in der DDR war die Beschäftigung mit deutscher Militärgeschichte und Heereskunde verpönt. Im Kontext der Traditionspflege der 1956 aufgestellten Nationalen Volksarmee, wurden diese Themen jedoch im Rahmen einer politisch vorgegebenen Geschichtsinterpretation wieder salonfähig. Unter dem Dach des Kulturbundes der DDR fanden Zinnfigurensammler ebenso ihren Platz wie historische Darstellungsgruppen. Den Bedarf an uniformkundlicher Literatur und damit an Bildvorlagen deckte primär der Militärverlag der DDR. Entsprechende Abbildungen waren aber auch in Zeitschriften wie der „Armeerundschau", der „Zinnfigur" oder im „Visier" zu finden. Die Illustratorinnen und Illustratoren, die dort veröffentlichten, betrieben dies nie hauptberuflich. Das galt auch für Wolfgang Friedrich, der von Haus aus Grafiker und Bühnenbildner war und nicht zuletzt wegen seines soliden kostüm- und uniformkundlichen Fachwissens für zahlreiche Aufträge herangezogen wurde.

Der Autor und Künstler Wolfgang Friedrich

Dieses Buch ist bemerkenswert, da es in mehrfacher Hinsicht eine sächsische Tradition fortsetzt. Der Autor und Illustrator Wolfgang Friedrich gehört zu den ganz wenigen heute in Deutschland aktiven Uniformmalern, was die offizielle, 1995 zuerkannte Berufsbezeichnung „Diplomdesigner" nicht unbedingt verrät.

Wenngleich sich Wolfgang Friedrichs künstlerisches Talent und ein Interesse an historischen Uniformen schon früh offenbarten, dauerte es lange, bis er beruflich daraus Nutzen ziehen konnte. Nach zwei Jahren bei der Kasernierten Volkspolizei und Nationalen Volksarmee, begann er 1957 ein dreijähriges Studium der Theatermalerei. Ab 1960 war Wolfgang Friedrich als Bühnenbildassistent am Deutschen Nationaltheater in Weimar beschäftigt. In dieser Zeit begann er

14 Die Biografie von Döbrich-Steglitz ist bislang nur fragmentarisch bekannt. Die verfügbaren Informationen beschränken sich auf Episoden in seinem Leben. Ein Wikipedia-Artikel fokussiert auf seine Betätigung beim nationalbolschewistischen Flügel der SA: https://de.wikipedia.org/wiki/Erich_R._D%C3%B6brich, 28.06.2022. Zum Tod von Döbrich-Steglitz 1945, in der Schlacht um Berlin vgl.: Wolfgang Skorning. Der Tod des Malers und Rittmeisters a.D. Erich R. Döbrich beim Kampf um Berlin, in: Zeitschrift für Heereskunde, Nr. 324/1986, S. 54 und: Klaus-Ulrich Keubke und Hans Stadler, Zum Lebenslauf des Kunstmalers Erich R. Döbrich, in: Zeitschrift für Heereskunde, Nr. 427/2008, S. 41–42.

15 Der nationalsozialistischen Feme verfielen darüber hinaus ausländische Zinnfiguren und Motive, die als nicht deutsch oder sittsam genug erschienen. Vgl.: http://www.zinnfigurenfreunde-leipzig.de/zfl-v2.htm, 28.06.2022.

16 Die 1924 gegründete Vereinigung nennt sich heute mit vollem Namen „KLIO - Deutsche Gesellschaft für Freunde und Sammler kulturhistorischer Zinnfiguren e.V.".

systematisch kostüm- und uniformkundliche Vorlagen zu sammeln, um eine Quellenbasis für die fachgerechte Ausstattung von Theaterstücken mit historischen Themen zu schaffen. Ab 1962 am Stadtgeschichtlichen Museum in Leipzig tätig, kam Wolfgang Friedrich mit dort ansässigen Zinnfigurensammlern in Kontakt. Seine Uniformdarstellungen, unter anderem in der Zeitschrift „Zinnfiguren" veröffentlicht, fanden großen Anklang. Eine erhoffte Anstellung am Armeemuseum der DDR in Dresden, wohin er 1975 gezogen war, blieb Wolfgang Friedrich letztlich aus politischen Gründen verwehrt, doch wurde er neben seiner hauptberuflichen Tätigkeit am Dresdner Stadtplanungsamt zusammen mit seiner Frau – gleichfalls eine ausgebildete Theatermalerin – ein vielbeschäftigter Illustrator von Publikationen des Militärverlages der DDR. Dazu zählten das zweibändige „Wörterbuch zur deutschen Militärgeschichte" (1985), vor allem aber „Die Armee Augusts des Starken" von 1984 [17], die mit diesem Band eine Optimierung und Aktualisierung erfährt. Das Buch „Spielmann, Trompeter, Hoboist", in dem ausschließlich die Uniformen von Militärmusikern vorgestellt wurden, war 1988 auch international eine Novität. [18] Der Autor dieser Zeilen war glücklich, als er es seinerzeit zu einem Vielfachen des DDR-Verkaufspreises in München erwerben konnte.

Nach der politischen Wende und der Vereinigung blieb Wolfgang Friedrich im Dresdner Stadtplanungsamt und als Uniformmaler weiter tätig. 1991 trat er der Deutschen Gesellschaft für Heereskunde bei, in deren Zeitschrift er mit zahlreichen Artikeln vertreten war – häufig zu Uniformen der Armeen des 18. Jahrhunderts. Mit Uniformbänden über die Bekleidung der sächsischen Armeen vom späten 17. Jahrhundert bis zum Ersten Weltkrieg, die in den 1990er-Jahren vom Arbeitskreis Sächsische Militärgeschichte e.V. verlegt wurden, [19] führte er eine Tradition fort, die durch Rudolf Trache (1866–1948) begründet worden war.

In dem hier vorliegenden Werk verbinden sich mehrere Stränge der sächsischen Uniformkunde: Das Studium von Gemälden des 18. Jahrhunderts in sächsischen und polnischen Kunstgalerien und Schlössern, die Rekonstruktionen des 19. Jahrhunderts und die Auswertung der umfangreichen und bisweilen eigenwillig gegliederten Quellensammlungen von Johannes Eichhorn (1903–1969).

Gerhard Bauer
Historiker und Sachgebietsleiter Uniformen/Feldzeichen, Militärhistorisches Museum der Bundeswehr in Dresden im Juli 2022

17 1987 erschien eine zweite Auflage.

18 Zuvor hatten sich nur John Fabb und Jack Cassin-Scott in „Military Bands and their Uniforms" (Poole, 1978) mit diesem Thema befasst, wobei es dabei nicht um ein mit eigens dafür geschaffenen Uniformdarstellungen ausgestattetes Werk handelte.

19 Wolfgang Friedrich schrieb und illustrierte:
Die Uniformen der Kurfürstlich Sächsischen Armee: 1867–1918, Dresden 1996.
Die Uniformen der Kurfürstlich Sächsischen Armee: 1763–1810, Dresden 1997.
Die Uniformen der Kurfürstlich Sächsischen Armee: 1810–1867, Dresden 1997.
Die Uniformen der Kurfürstlich Sächsischen Armee: 1683–1763, Dresden 1998.

EINFÜHRUNG

Johannes Eichhorn schuf u. a. eine Reihe von Farbtafeln zur Uniformierung der kursächsischen Armee von 1731 und 1732. Von dieser Reihe sollen 20 Exemplare in A5-Format existieren. Diese zeigen Uniform- und Detailabbildungen. Dem Autor sind zwei Konvolute bekannt – nennen wir sie Kon.A (mit 55 Farbtafeln) und Kon.B (mit 67 Farbtafeln). Die Umrisse dieser Abbildungen wurden gedruckt und dann anschließend von verschiedenen Koloristen nach Vorgabe ausgemalt. Während der Zeit des Ausmalens wurde augenscheinlich an einzelnen Themen weitergearbeitet und nach neuen Erkenntnissen, wie z. B. an den Abzeichenfarben (sächsisch: Dublürenfarbe), Grenadiermützen sowie Zuschreibungen zu anderen Regimentern Veränderungen vorgenommen. Jedoch wurden nicht alle Tafeln der Konvolute auf den neuesten Stand gebracht. Jedenfalls sind bei etwa 30 % der vorhandenen Tafeln – sowohl bei Kon.A als auch Kon.B – Veränderungen festzustellen. Schon die verschiedene Anzahl der Tafeln in den einzelnen Konvoluten stellt klar, dass nicht in jedem Konvolut das ganze Thema gleichmäßig dargestellt wird. So befanden sich im Konvolut des ehemaligen Armeemuseums der NVA (nennen wir es Kon.AM) Tafeln, welche bei den anderen nicht vorhanden sind.

Der Autor hatte 2021 die Gelegenheit ein weiteres Konvolut dieser Eichhorn-Arbeit zu begutachten. Es schien, nach Farbproben u. ä. zu urteilen, das Musterexemplar für die anderen Konvolute gewesen zu sein. Ihm entspricht das Kon.B, wenn auch verschiedentlich die Farbtöne etwas abweichen, was sich nicht immer vermeiden lässt, wenn ein bestimmter Farbton nachgemischt werden muss. Auch die Anzahl der Farbtafeln in den einzelnen Konvoluten ist nicht gleich. Im neuaufgefundenen Konvolut befindet sich übrigens eine Tafel mit Darstellungen von Standarten und Pauke der Carabiniers-Garde, die sich ebenfalls im verlustig gegangenen Konvolut des ehemaligen Armeemuseums befunden hatte, aber nicht in den Konvoluten A und B.

Für die Gestaltung der Farbtafeln des 1984 in 1. Auflage des damaligen Militärverlages der DDR erschienenen Buches „Die Armee Augusts des Starken“ lag den Illustratoren Doris und Wolfgang Friedrich ein Konvolut des Armeemuseums vor, welches aber zur Überprüfung der Vorbereitung der 2. Auflage nicht mehr vorhanden war.

Hilfreich beim Thema sind auch die von Eberhard Boltze (1883–1961) zu Schematafeln zusammengestellten Eichhorn-Arbeiten und seine „Notizen aus der Eichhorn-Sammlung“. Grundlage des Ganzen bilden die beiden in Warschau befindlichen Gemälde von Johannes Samuel Mock (1687–1737), der 1731 kursächsischer Hofmaler war, „Campement bei Czerniaków im Jahre 1732“. Allerdings waren bei Czerniaków an sächsischen Einheiten nur das Regiment Grenadier-Garde, die Frei-Kompanie Sorau-Promnitz, die Grand-Mousquetaires, Teile der Garde du Corps, Kürassiere und Dragoner, die Grenadiers à cheval sowie Artillerie beteiligt. Den größten Teil bildeten polnische Einheiten, jedoch in Uniformen nach sächsischem Vorbild. Doch dazu ist die Quellenlage schwierig. Die beiden Gemälde zeigen den Uniformierungsstand des Jahres 1732 und nicht den von 1730. Das arbeitete J. Eichhorn auch in seinem ausführlichen Manuskript über den Zustand der kursächsischen Artillerie und der technischen Truppen dieser Zeit heraus. Dass diese Veränderungen gleichzeitig in den anderen Truppenteilen erfolgten, ist wohl als sicher anzunehmen. Das Gemälde von Alexander Thiele „Das Lager bei Zeithain 1730“ bietet leider weniger uniformkundlich Verwertbares.

Mit Bedauern muss beim Vergleich der vorliegenden Konvolute festgestellt werden, dass auf der jeweils gleichen Tafel nicht immer der gleiche Farbton getroffen wurde. So wurde z. B. beim Regiment Löwendahl als Dublüre bleu mourant (ein graustichiges Hellblau) vorgegeben, was in Kon.A wie vorgeschrieben erfolgte, in Kon.B aber ein zu dunkles Ultramarinblau verwendet wurde. Beim Regiment Sachsen-Weimar zeigt Kon.A (bei gelbmetallenen Knöpfen) goldenen Tressenbesatz der Offiziere, bei Kon.B dagegen silbernen, den Kranz der Grenadiermütze in Rockfarbe (also rot). Im Kon.A ist dieser Kranz ganz aus Metall dargestellt. (ob bei Grenadieren der Infanterie oder den Dragonern), außer bei den Grenadieren à cheval, bei der Grenadier-Garde, der 1. Garde (in Gala), 1. und 2. Garde, Sachsen-Weimar, Sachsen-Gotha, Sachsen-Weißenfels, Wilcke, Dragoner-Regiment Chevalier de Saxe (bis 1729 Klingenberg) ganz aus Metall gezeigt. Dagegen wird im Kon.B bei den Grenadiermützen des Regiments Grenadier-Garde sogar der Kranz blau, ohne dass dieses plausibel zu erklären ist.

Große Unstimmigkeiten gibt es auch bei der Darstellung der Grenadiermütze der Offiziere der Grenadier-Garde. Eichhorn schreibt fälschlich für 1730–1732 „Leib-Grenadier-Garde“. Doch dieses 1729 als Grenadier-Garde errichtete Regiment hieß laut Eichhorn bis 1732 amtlich auch „Rutowsky“ und (nach Heinrich August Verlohren) erst 1743 Leib-Grenadier-Garde. Im Kon.B wurde der Kranz der Grenadiermütze von Offizieren ebenfalls blau dargestellt (mit aufgelegtem silbernen Laubwerk), bei Unteroffizieren und Mannschaften seitlich mit flammender Granate und hinten eine Maskaron. Louis de Silvestre malte 1740 den Regiments-Chef Graf Rutowsky in der Uniform seines Regiments mit der Grenadiermütze, und diese mit rotem Schild, Kranz sowie Mützenoberteil mit reichem Silberbeschlag. Diese Darstellung entspricht der im „Muzeum Wojska Polskiego“ in Warschau ausgestellten sowie im Katalog „Unter einer Krone“ abgebildeten Grenadiermütze der Offiziere der Grenadier-Garde. Die Knöpfe der Unteroffiziere und Mannschaften werden aber in Kon.B und Kon.A gelbmetallen dargestellt und bei Schuster/Francke für 1730 auch als aus Messing beschrieben. Dazu würde dann auch der gelbmetallene Beschlag, der am 30.04.1732 eingeführten Ordinärmütze dieser Grenadier-Garde passen. Für 1733 werden dann Knöpfe aus Zinn genannt.

Ein großes Problem der kursächsischen Uniformkunde der Augusteischen Zeit sind die Grenadiermützen, weil kaum welche davon noch vorhanden sind, außer der 1732 eingeführten Ordinärmütze – die zweite Garnitur sozusagen. Davon gibt es einige, sogar ein Exemplar mit dem „FA“ unter der Königskrone, was aber auch nicht richtig war, denn der Nachfolger Augusts des Starken war in der Zwischenzeit, als er noch nicht zum polnischen König gewählt war, „nur Kurfürst“, somit stand ihm nur der Kurhut zu.

Ein weiteres Exemplar der Ordinärmütze befindet sich, wenn auch für die Bedürfnisse der Stadt Pirna und deren Stadtsoldaten angepasst, im dortigen Stadtmuseum. Vom Stern des Ordens des Weißen Adlers wurde die Mitte herausgenommen, mit rotem Samt unterlegt und die Figuren des Pirnaer Stadtwappens stattdessen aufgesetzt. Außerdem wurde von der Stirnklappe die Mitte mit dem „AR“ entfernt und dafür ein hellblau emailliertes Blech mit eben diesem Monogramm „AR“ eingefügt. Interessant an dieser Grenadiermütze ist der unveränderte Beschlag des Kranzes hinten.

Übrigens stand der kursächsische Grenadieroffizier, im Gegensatz zu dem stets den Hut tragenden preußischen, mit der Grenadiermütze auf dem Kopf vor seiner diese Mütze tragenden Einheit. Nur wenn die Grenadiere mit Hut ausrückten, durfte er ebenfalls den Hut tragen und dazu der Sponton statt der Bajonettflinte.

Vollkommen verfahren ist die Situation beim Regiment Grenadiers à cheval. In den von J. Eichhorn zitierten Musterungsberichten von 1730 steht u. a. über dieses Regiment: *„Ihre Mützen haben von vorn ein Aussehen wie die anderen, hinten aber hängt ein Zipfel herunter“* – also wie bei den Grenadieren der anderen Dragoner-Regimenter auch. Dazu schreibt auch Johann Christian Hayne („Das Zeithainer Lager") in „Neue Uniform“, welche zu der Revue am 1. Juni 1730 angelegt wurde: *„ ... paille (strohfarben), niedrige Grenadiermütze mit weißen Beschlägen, hinten mit kurzen, spitzigen Säcken mit einem Puschel“.* Dagegen stellt aber J.S. Mock auf einem seiner beiden Gemälde von Czerniaków Angehörige dieses Regiments in Grenadiermütze mit blauem, halbkugelförmigem Kopfteil dar (das war aber 1732!). Damit ist aber dieses Regiment noch nicht abgehakt, denn nicht nur die beiden Textquellen vermelden für 1730 paille (strohfarben) Mützenbeutel. Auch Schuster/Francke führt für 1730 (im Anhang 12) *„Kollett, Weste, Kamisol gelb und Dublüre (Abzeichenfarbe) paille, Knöpfe Zinn“* auf. Eines der beiden Gemälde von 1732 zeigt (ebenso wie die beiden Konvolute A und B sowie auch das Kon.AM) für Offiziere und Mannschaften das rotbezogene Grenadiermützenschild mit blauem, halbkugelförmigem Kopfteil und rotem Kranz. Die Offiziere tragen blaue Westen und Beinkleider sowie blaue Schoßumschläge am roten Rock, Mannschaften in Kon.B und auch Kon.AM paille Schoßumschläge, Weste und Hose. Nur im Kon.A sind bei den Mannschaften diese Schoßumschläge blau dargestellt.

Die Trommelreifen des Regiments Grenadiers à cheval waren weiß/blau, bei Kon.A schräg geteilt, bei Kon.B rechtwinklig und eigenartigerweise auch innen bemalt. Nach J.S. Mock waren die Trommelreifen 1732 allgemein entweder in zwei Farben geschrägt oder einfarbig. Der Trommelkessel war zweifarbig, mit Flammen bemalt und trug vorne den gekrönten weißen Adler, z. T. auch mit dem gespaltenen Kur- und Rautenkranzwappen auf der Brust. Der glatte Kupferkessel des Dragoner-Regiments Goldacker, trug vorne ein schmales weißes Malteserkreuz mit aufgelegtem gekröntem weißem Adler, auf dessen Brust das Kur- und Rautenkranzwappen ohne Kurhut prangte.

Auch beim Kolorieren der Tafel zur Uniformierung der Chevaliergarde gab es anscheinend Unklarheiten. Die Gardisten der Chevaliergarde trugen die gleiche Superweste (auch: Supraweste) wie die der 1. Garde zu Fuß zur Gala-Uniform. Diese Superweste hatte auf der Brustmitte ein großes Kreuz des Ordens des Weißen Adlers mit (normalerweise) goldgeränderten roten Armen. Auf der Tafel des Kon.A ist nur bei der 1. Garde die Mitte des Kreuzes golden – aber weiterhin mit goldener Umrandung, beim Kon.B ist das Kreuz rot mit goldenem Rand. Die Superweste der Chevaliergarde zeigt dagegen beim Kon.B das Kreuz komplett golden. Im verschollenen Kon.AM waren bei der 1. Garde die Kreuzarme und die Mitte rot, bei der Chevaliergarde das ganze Kreuz golden. Aber auch die auf der Tafel der Chevaliergarde dargestellte Standarte gibt zu denken. Während die Kanten des Tuches der Aversseite der Standarte (bei beiden Konvoluten) mit goldener Stickerei besetzt sind, fehlt die Randstickerei auf der Reversseite völlig (was unmöglich sein dürfte). Außerdem ist beim Kon.A zwar die Einfassungsschnur golden dargestellt, dafür sind aber hier die Fransen grün. Die Aversseite sieht aber aus wie mit goldenen Fransen eingefasst.

Allgemeine Bemerkungen

Während alle Offiziere weiße Halsbinden trugen, hatten Unteroffiziere und Mannschaften der Grenadier-Garde rote, alle anderen Regimenter aber schwarze Halsbinden.

Die Mützenbleche der Grenadiere waren bei der ganzen Armee aus Silber. Nur das Grenadier-Regiment Sachsen-Weimar hatte stark vergoldete silberne Bleche. Auch das Regiment 1. Garde trug zur Gala-Uniform eine besondere Grenadiermütze mit rotbezogenem Schild und durchbrochener gelbmetallener Auflage mit dem Wappen von Polen/Litauen und dem von Kursachsen unter der polnischen Königskrone, einer gelbmetallenen Stirnklappe sowie Kranz und blauem, halbkugelförmigem Kopfteil.

„Die Stiefeletten- (Gamaschen-) Knöpfe waren bei der ganzen Armee weiß, ausgenommen die Grenadier-Garde, die gelbe Knöpfe an den Gamaschen trug.“ nach „Das Campement bei Zeithain und Radewitz“, Mühlberg 1803

In der behandelten Zeitspanne waren bestimmte, später durchgesetzte Normen in der Uniformierung noch nicht unbedingt üblich. Es hatte sich z. B. nicht durchgesetzt, dass Gold eigentlich vor Silber rangierte, aber es gab auch in späterer Zeit Ausnahmen! So hatte z. B. zum Ende des „Bunten Rockes“ das preußische 1. Garde-Regiment zu Fuß und das sächsische Leib-Grenadier-Regiment Nr. 100 silberne Knöpfe und Tressen, das 2. Garde-Regiment zu Fuß dagegen goldene Knöpfe und Tressen. Es ist schon merkwürdig, dass das etwas minderwertigere Edelmetall Silber unter bestimmten Voraussetzungen dem Gold den Rang ablief. Es hing doch viel vom persönlichen Geschmack des regierenden Fürsten und der von ihm Begünstigten, der Prunksucht sowie der finanziellen Lage ab. So baute man zwar im Kurfürstentum Sachsen in der Zeit vor dem Siebenjährigen Krieg die Mannschaftsstärke der Armee ab, gleichzeitig aber nahm man viele kleine Veränderungen in der Uniformierung vor, sodass aus dem Geldsparen auch nichts wurde. Insofern war am Uniformrock und der Grenadiermütze deutlich zu erkennen, ob der jeweilige Träger bei einem Regiment stand, dessen Chef ein Verwandter des Kurfürsten war. War er aber nur ein „gewöhnlicher Adliger" oder gar ein Bürgerlicher (wie z. B. Georg Marché, ab 1717 Oberst und Chef des Infanterie-Regiments Marché, gestorben 1745 als Generalleutnant), dann lässt sich dies an der Betressung und der Grenadiermütze der kursächsischen Infanterie genau ablesen.

Für den Wechsel der Metallfarbe scheint das Grenadier-Regiment Sachsen-Weimar ein gutes Beispiel zu sein. Es hatte 1730–1732 bei weißem Bortenbesatz gelbmetallene Knöpfe, d. h. die Offiziere hatten natürlich zu den silbernen Tressen goldene Knöpfe. Später erhielt es dann silberne Knöpfe – möglicherweise nach der Rückgabe des ursprünglichen Weimarer Bataillons und Austausch seiner Mannschaften sowie Umwandlung des Regiments 1733 in ein Musketier-Regiment. Später entwickelte sich die klare Regel, dass zu weißen Borten und silbernen Tressen eben auch silberne Knöpfe gehören sowie zu gelben Borten bzw. goldenen Tressen auch gelbe/goldene Knöpfe.

Pulverflasche, Kursachsen, Mitte 18. Jahrhundert.
Gesamthöhe: 246 mm
Breite des Trapezkörpers: 64–149 mm
Dicke: 39 mm
Masse: 445 g
(Foto: Manfred Ebert / anamedia Werbedesign)

DISTINKTIONEN, EFFEKTEN UND ZUBEHÖR

Standesabzeichen: Portepee, Schärpe und Ringkragen

Mit der Errichtung der stehenden Heere in Europa bildeten sich das Portepee und die Schärpe als Standesabzeichen der Offiziere heraus. Die Schärpe als auch der Ringkragen, galten als Abzeichen für im Dienst befindliche Offiziere der Infanterie und der Artillerie, für Ingenieure als auch für Offiziere technischer Formationen, nicht aber solche der Reiterei.

Als hauptsächlichstes Standesabzeichen diente aber das Portepee. Ein um den Griff der Offiziersseitenwaffe geschlungenes, goldenes oder silbernes Band (meist mit farbigen Durchzügen in der zweiten Farbe des jeweiligen Staates) und mit Quaste – in Kursachsen ab 1697 silbern mit Karmesinrot, den Farben des Königreichs Polen.

Die Schärpe (in den gleichen Farben wie das Portepee) wurde, wie z. B. in Kursachsen, beim Dienst zu Fuß, über der linken Schulter zur rechten Hüfte hin getragen, wo dann auch die Quasten hingen. Allerdings gibt es auch kursächsische Offizierporträts dieser Zeit mit den Quasten der Schärpe auf der linken Hüfte. Wurde die Schärpe um den Leib getragen, dann stets unter dem Rock auf der Weste. Auch die Offiziere der königlich polnischen Regimenter von 1732 richteten sich anscheinend nach den kursächsischen Vorschriften. Nach denen wurden sie auch uniformiert und ausgebildet. Für Offiziere der sächsischen Kavallerie und Artillerie wurde die Schärpe im Jahr 1715 eingeführt. Im Gegensatz dazu, trug man im Heer des Kurfürstentums Braunschweig-Lüneburg, ebenso wie im Königreich Preußen, die Schärpe von der rechten Schulter zur linken Hüfte, die Quasten also auf der linken Hüfte. Übrigens war die Schärpe, als Dienstabzeichen des Heeres des 18. Jahrhunderts, durchaus nicht in allen europäischen Armeen üblich, so z. B. nicht in den Armeen des Habsburger Reiches und auch meist nicht im Königreich Frankreich.

Der zum Ringkragen, dem Dienstabzeichen der Offiziere der Fußtruppen mutierte Rest der Halsberge des ritterlichen Harnisches, war zu Beginn des 18. Jahrhunderts doch noch ziemlich groß, wurde aber von Modell zu Modell allmählich kleiner. Nach dem Reglement der kursächsischen Grenadier-Garde von 1732 trugen die Offiziere dieses Regiments sowie die Regimenter der 1. und 2. Garde vom Oberst bis einschließlich dem Sous-lieutenant (Leutnant) einen silbernen Ringkragen mit vergoldetem, überkröntem Wappen von Polen/Litauen und Kursachsen, darunter die Initialen „AR". Die Ringkragen waren mit rotem Samt gefüttert. Die etwa gleichzeitig zur Infanterie versetzten Stabsoffiziere à la suite sowie ein Adjutant erhielten vergoldete Ringkragen aus Messing mit den beiden silbernen überkrönten Wappen, die ebenfalls mit rotem Samt unterlegt waren. 48 Offiziere der acht Infanterieregimenter, mit Ausnahme des Regiments Sachsen-Weimar, erhielten ebenfalls vergoldete Ringkragen aus Messing, aber mit vergoldeten Wappen und dem „AR". J. Eichhorn stellte allerdings in seinem Manuskript, das sich im Stadtmuseum Weimar befindet, auf den dazugehörigen Farbtafeln einen vergoldeten Ringkragen mit silbernem Rand und den beiden silbernen, überkrönten Wappen sowie dem Monogramm „AR" darunter dar – alles in den bekannten Formen.

Dienst- und Rangabzeichen für Offiziere

Die französische Armee hatte noch zur Wende vom 17. zum 18. Jahrhundert vermocht, Europa in Angst und Schrecken, aber auch in Bewunderung zu versetzen. Allerdings hatte es der Urenkel des Sonnenkönigs, Ludwig XV. erst 1747 geschafft, also 30 Jahre später, den französischen Adel dazu zu bringen, des Königs Rock beim Dienst in der Armee zu tragen. Der europäische Adel trug zumeist den roten, reich mit Gold oder Silber bestickten Rock des Adels. Und in diesem Rock begleiteten die Herren, als Volontaires, die bewunderten Feldherren, wie den Marquis de Vauban, den Prinzen Eugen von Savoyen, den Herzog von Marlborough oder den Marschall von Sachsen auf deren Feldzügen. Sie waren süchtig danach, deren Aufträge auszuführen, die siegreichen Truppen gegen den Feind zu führen und überhaupt Heldentaten zu vollbringen. Im Heiligen Römischen Reich Deutscher Nation sah das etwas anders aus. Der landeseigene Adel trug ohne Murren den Rock seines Landesherrn, ob dieser nun der Kurfürst Maximilian II. Emanuel von Bayern (der sog. Blaue König), König Friedrich Wilhelm I. von Preußen (der Soldatenkönig) oder Kurfürst Friedrich August von Sachsen (August der Starke, als König von Polen August II.) war.

Als die stehenden Heere entstanden (in Kursachsen 1680–1682), bildeten sich gleichzeitig mit der Uniformierung bestimmte Abzeichen heraus, die zum Erkennungszeichen für bestimmte Funktionen innerhalb des Heeres wurden. An diesen konnte man den Rang des Trägers erkennen. Aus dem Harnischkragen wurde der Ringkragen der Offiziere, aus der Offiziersfeldbinde des Dreißigjährigen Krieges wurde die Offiziersschärpe (meist in den Hausfarben des Landesherrn). Aus der Runka entstand die Partisane und der Sponton für Offiziere der Infanterie. Aus Partisane und Hellebarde wurden die Kurzgewehre, die Partisane für Sergeanten, die Hellebarde für Korporale.

Als Zeichen dafür, dass sie sich im Dienst befanden, im Auftrag des Landesherrn handelten und ihn repräsentierten, legten die Offiziere der Infanterie (und auch die der Artillerie-Füsiliere) den Ringkragen und die Schärpe an. Im Außendienst kamen noch Partisane oder Sponton dazu. Offiziere der Kavallerie trugen nur die Schärpe und später noch das Kartuschbandelier. Als Erfüllungsgehilfen der Offiziere trugen die Unteroffiziere die Partisane oder Hellebarde. Sie durften aber wie die Offiziere als Dienstzeichen den Stock tragen.

Beim Durchsetzen der Uniformierung im stehenden Heer, entwickelten sich bestimmte Rangabzeichen für Offiziere und Unteroffiziere, für Offiziere zuerst für die jeweilige Rangstufe. Das betraf die Rangstufe der Subalternoffiziere vom Fähnrich bis zum Sous- und Premier-lieutenant (Leutnant und Oberleutnant), die besondere Rangstufe für den Stabskapitän und Kapitän (Hauptmann) sowie die der Stabsoffiziere vom Major (dem ehemaligen Obristwachtmeister) bis zum Oberstleutnant und Oberst.

Der Großteil der kursächsischen Uniformen besaß im Jahr 1730 keinen Kragen. Nur die Kürassiere und Dragoner hatten diesen an ihrem Uniformrock. Auch ihre Offiziere sowie Trompeter, Pauker und Musiker dieser Regimenter trugen noch einen kragenlosen Rock. Sogar das neuformierte Regiment der Carabiniers-Garde (als ehemalige Dragoner) hatte, mit Ausnahme der Offiziere, keine Kragen. Das ehemalige Dragoner-Regiment, das Regiment Grenadiers à cheval, war ebenfalls kragenlos. Ebenso wies auch die Ordinärmontur des Kürassier-Regiments Criegern weder Kragen noch Rabatten auf. Die Knöpfe saßen vorn 2:2:2:2:2. Die Ordinärmontur des Kürassier-Regiments Prinz Friedrich trug jedoch Rabatten, die Knöpfe darauf 2:2:2 (darunter drei Einzelne). Die Offiziere des Dragoner-Regiments Arnstädt trugen an ihrer Ordinäruniform einen Kragen, keine Rabatten und die Knöpfe vorn 2:2:2:2. Im Kon.B wird noch eine weitere Ordinärmontur vorgestellt, die eines Kapitäns des Infanterie-Regiments du Caila, im kragenlosen Rock mit Rabatten. Die Knöpfe sitzen hier 2:2:2, wie üblich drei Einzelne darunter. Trotz der geringen Vergleichsmöglichkeiten entsteht der Eindruck, dass auf der Ordinärmontur durch die Knopfsetzung die Rangklasse erkennbar wird. Die Knopfsetzung 2:2:2:2:2 (ohne Rabatten) scheint den Stabsoffizier anzuzeigen, auf der Rabatte 2:2:2 (und drei darunter) den Kapitän und den Subalternoffizier.

Die Fahnenjunker des Dragoner-Regiments Chevalier du Saxe hatten (laut Kon.B) einen betressten Kragen und Achselschnüre am Uniformrock. Im Kon.A hatte der Standartenjunker desselben Regiments dagegen einen unbetressten Kragen und auch keine Achselschnüre (evtl. 1733, als die Achselschnüre für Wachtmeister und Fahnenjunker entfallen sollten).

Die Rangabzeichen der Offiziere bestanden aus einer Tresseneinfassung am Rock der großen Uniform. Mit Tressen eingefasst waren der Halsausschnitt, die vorderen und hinteren Rockkanten (letztere ab der Taille) nach unten, die Rabatten, die Aufschläge und die Taschenklappen.

Dazu kamen Knopflochlitzen auf den Rabatten und darunter, auf den Ärmelaufschlägen und den Taschenklappen sowie an den Taillenknöpfen.

Die Weste war für alle drei Rangklassen gleich – in zwei verschiedenen Breiten betresst. Die Tresse an den Kanten war schmal, begleitet von einer breiten Tresse. Knopflöcher und deren Gegenüber waren ausgestickt. Die ebenfalls schmal eingefassten Taschenklappen waren begleitet von einer breiten Tresse sowie einer breiten waagerecht unterhalb der drei Knöpfe (ausgehend von der breiten Kantentresse). Stabsoffiziere (oder nur die Regimentschefs der Regimenter Grenadier-Garde, Sachsen-Weimar, Sachsen-Gotha und Sachsen-Weißenfels?) trugen unten an der Weste noch zusätzlich im Winkel von 45 Grad von vorne ausgehend breite Tressen. Die Litzen der Stabsoffiziere waren an der Weste ohne Puschel.

Am Uniformrock der Offiziere der Regimenter Löwendahl, Marché und du Caila gingen die Rabatten bis an die Unterkante.

Als Muster für Rangabzeichen kann das Grenadier-Regiment Sachsen-Weimar dienen:

> *Leutnant:* mit Tresse eingefasster Halsausschnitt, Rockvorderkanten, Rabatten und Aufschlägen sowie Taschenklappen
> *Kapitän:* 2:2:2 gesetzte Knopflochlitzen auf den Rabatten, drei darunter, drei auf den Taschenklappen, je eine an den Taillenknöpfen hinten
> *Stabsoffizier:* kleine Puschel am Ende der Knopflochlitzen, eine breite Tresse begleitet die Tresse unterhalb der Rabatten zur Rockunterkante, eine schmale Tresse unter den Taschenklappen, drei Knopflochlitzen mit Puschel sowie zwei schmale Tressen mit Puschel senkrecht nach unten, auf den Ärmelaufschlägen drei schräge Knopflochlitzen mit Puschel. Die Knopflochlitze der Taillenknöpfe ist hier als Schleife ausgebildet.

Der Litzenbesatz am Rock der Offiziere des Kadettenkorps war wie bei den Offizieren des Grenadier-Regiments. Der im Kon.A und B dargestellte, aber als „Subaltern-Officier" betitelte Offizier des Regiments du Caila dürfte allerdings einen Kapitän zeigen.

Auditeur und Regimentsfeldscher trugen einen Rock wie die Offiziere, aber ohne jegliche Betressung. Auch die Huteinfassung war wie die der Offiziere. Die Hutoberkante des Offiziershutes war mit einer Tresse besetzt, wobei die eine Hälfte der Tresse außen, die andere Hälfte innen (wie bei den Hüten der französischen Armee) zu sehen war.

Rangabzeichen für Gefreite und Unteroffiziere

Bereits am Ende des 17. Jahrhunderts waren im preußischen Heer Ärmel- und Huttressen zur Kennzeichnung der Feldwebel und Unteroffiziere festzustellen. Bei rabattentragenden Einheiten kam auch noch die Einfassung der drei inneren Rabattenkanten hinzu. Natürlich war das in Kursachsen auch nicht anders.

Am einfachsten ist die Erläuterung des Sitzes der Dienstgradabzeichen der Gefreiten und Unteroffiziere bei der Artillerie und den Infanterie-Regimentern, die keine Angehörigen des Hauses Wettin als Regimentschefs hatten.

Gefreite gehörten stets zu den Mannschaften, waren aber die ersten Vorgesetzten der einfachen Soldaten. Sie trugen bei der kursächsischen Infanterie und Artillerie nur eine weißwollene Besatzborte auf den Aufschlägen. Diese Borte verlief mit Abstand und parallel zur Ober- und Hinterkante. Die waagerecht gesetzten Aufschlagknöpfe saßen oberhalb dieser Rangborte. Bei den Gefreiten der 1. und 2. Garde sollen die Borten zwei schmale Gold- oder auch Silberdurchzüge, abhängig von der Knopffarbe, aufgewiesen haben. Die Rangborten der Gefreiten beim Grenadier-Regiment Sachsen-Weimar waren gelb, nach der Knopffarbe von 1730. Als dessen Knopffarbe weißmetallen wurde, folgte dem sicher auch das Aussehen der Borte. Bei den übrigen Infanterie-Regimentern trugen die Gefreiten nur eine weißwollene Rangborte ohne Durchzüge. Unklar ist die Unterscheidung der Gefreiten der Regimenter Grenadier-Garde, Kronprinz, Sachsen-Gotha und Sachsen-Weißenfels, da alle Mannschaften dieser Regimenter eine weiße Borte parallel zur Aufschlagkante trugen.

Ein weiteres Rangabzeichen im Dienst war die Partisane, ähnlich der der Sergeanten, deren Stoßklinge ebenso abgesetzt war wie bei der Hellebarde der Korporale. Außerdem besaß deren Tülle nur einen Wulst statt derer drei bei der Partisane der Sergeanten. Zusätzlich trugen die Gefreiten das Bandelier der Unteroffiziere mit der Pistole in deren Tragetasche.

Alle Unteroffiziere vom Korporal aufwärts, ob Sergeant oder Feldwebel/Wachtmeister, hatten je nach Knopffarbe eine goldene oder silberne Einfassungstresse am Hut sowie an den Aufschlägen und Rabatten. Feldwebel/Wachtmeister sowie Fahnen- und Standartenjunker trugen zusätzlich goldene bzw. silberne Achselschnüre. Ob allerdings diese Achselschnüre auf der rechten oder linken Schulter getragen wurden, ist nach J. Eichhorn noch ungeklärt. Da aber die Offiziere und Unteroffiziere der Dragoner bis 1742 Bajonettflinten auf ihrem Pferd mitführten (mit dem Kolben im Kolbenschuh vorne rechts unten und Mündung hinten oben), dürften sich diese Achselschnüre an der linken Schulter befunden haben. 1733 sollten diese Achselschnüre entfallen und dafür doppelte Aufschlagtressen getragen werden.

Im Dienst präsentierten der Korporal der Infanterie und der Artillerie-Füsilier mit der Hellebarde und der Sergeant mit der Partisane. Von den Unteroffizieren zeichneten sich die Sergeanten außerdem noch bei Paraden und anderen Anlässen durch eine um den Leib getragene, rechts geschlungene, weißwollene, karmesinrot durchzogene Schärpe aus Wolle aus.

Halsbinden, Kragen und Rabatten am Uniformrock

Offiziere aller Waffengattungen trugen 1730 im kursächsischen Heer Augusts des Starken allgemein weiße, Unteroffiziere und Mannschaften schwarze Halsbinden. Doch, sollten, nach Texten im Hauptstaatsarchiv Dresden, 1730 die Regimenter Grenadier-Garde, 1. und 2. Garde, Kronprinz, Wilcke, Böhnen, Löwendahl und du Caila, nicht aber Marché, und auch die Artillerie rote Halsbinden tragen. Boltze zeigt ebenfalls (nach J. Eichhorn) die Regimenter Grenadier-Garde, 1. und 2. Garde, Kronprinz, Sachsen-Weimar, Sachsen-Gotha und Sachsen-Weißenfels sowie die Artillerie mit roten Halsbinden.

Alle Dienstgrade der Infanterie-Regimenter einschließlich sämtlicher Gardeeinheiten trugen keine Kragen am Uniformrock, ebenso die Artillerie und die dazugehörigen technischen Formationen. Ebenfalls keinen Kragen hatten die Offiziere der Kavallerie, auch nicht an der Ordinärmontur – ausgenommen waren die Offiziere der Carabiniers-Garde. Weiterhin kragenlos waren alle Angehörigen der Regimenter Garde du Corps und Grenadiers à cheval. Beim Regiment Carabiniers-Garde trugen zwar die Offiziere einen Kragen am Rock, aber nicht die Unteroffiziere und Mannschaften. Trompeter, Pauker und Hoboisten der Kürassiere und Dragoner trugen ebenfalls keinen Kragen, wie auch die Artillerie und die technische Formationen kragenlos waren.

Alle Unteroffiziersdienstgrade der Kavallerie, Wachtmeister, Standartenjunker, Fahnenjunker der Dragoner, Sergeanten und Korporale hatten betresste Kragen und Aufschläge. Die Aufschläge waren bei Wachtmeistern, Standarten- und Fahnenjunkern, Kondukteuren der Artillerie und des Ingenieurkorps mit zwei, bei Korporalen mit einer Rangtresse besetzt.

Regimenter zu Fuß, Artillerie und technische Formationen trugen Rabatten am Uniformrock. Diese Rabatten waren bei allen Unteroffiziersgraden mit einer Tresse eingefasst.

Wachtmeister sowie Standarten- und Fahnenjunker trugen auf der linken Schulter Achselschnüre aus seidener Borte bzw. goldene (bei Kürassieren) oder silberne (bei Dragonern) Achselschnüre, nicht aber Sergeanten und Korporale. Diese Achselschnüre sollten nach der Disposition vom 15.12.1732 für 1733 entfallen.

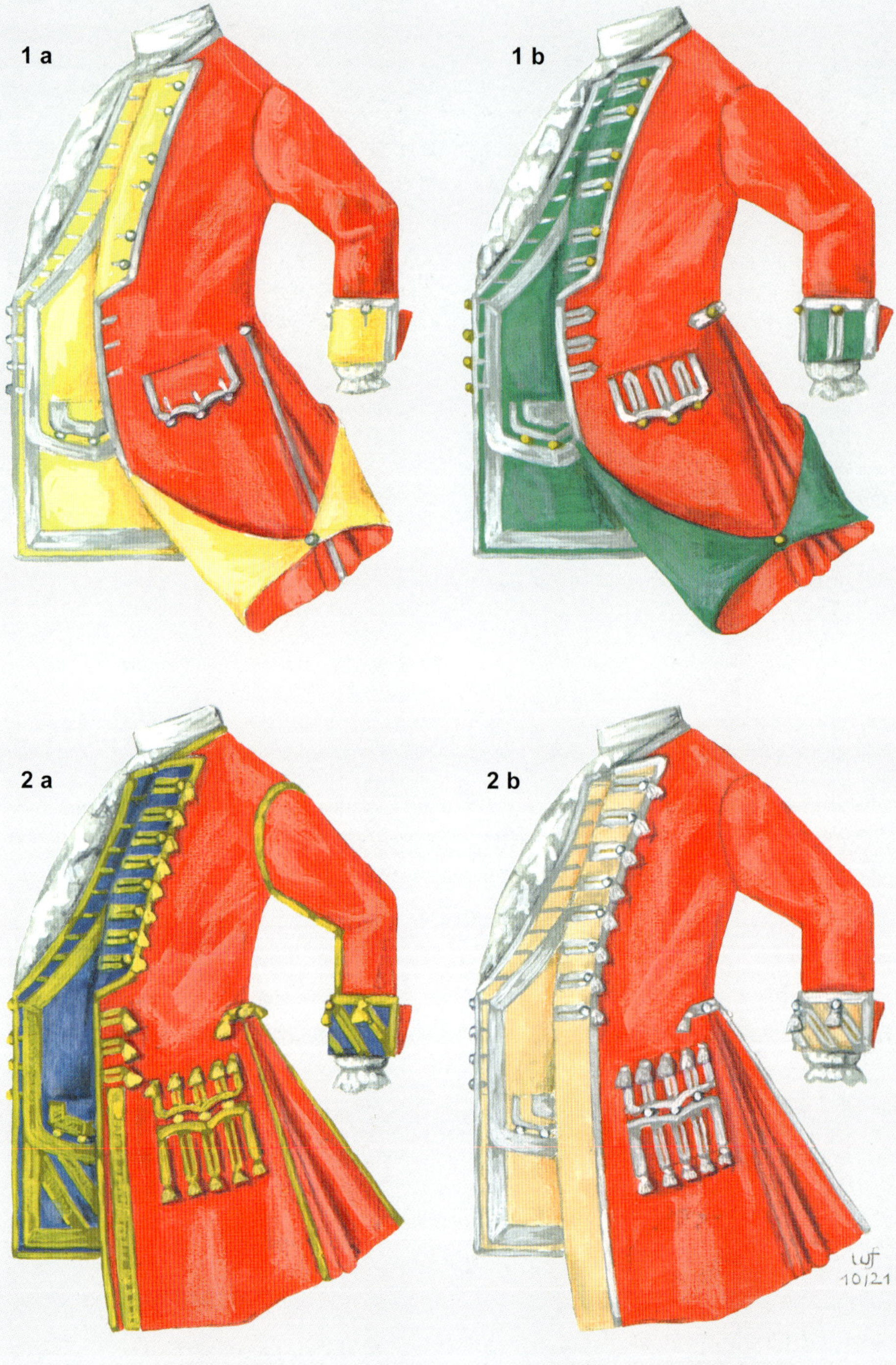

Rangabzeichen für Offiziere

1 **a** Leutnant des Infanterie-Regiments Kronprinz
b Kapitän des Grenadier-Regiments Sachsen-Weimar

2 **a** Oberst des Infanterie-Regiments Sachsen-Gotha
b. Stabsoffizier des Infanterie-Regiments Böhnen/Haxthausen

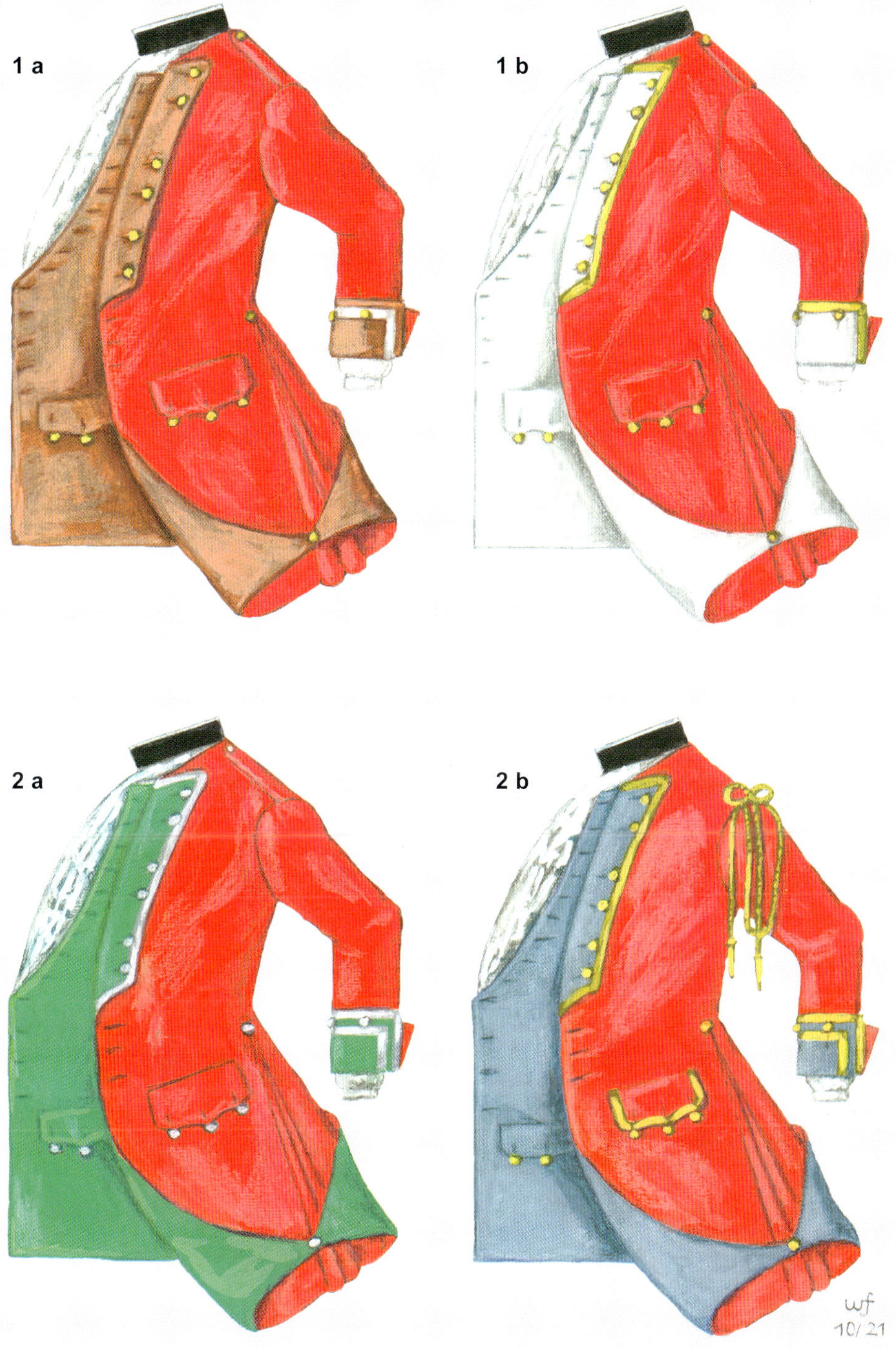

Rangabzeichen für Unteroffiziere

1 **a** Gefreiter des Infanterie-Regiments Wilcke
b Korporal des Infanterie-Regiments Marché
2 **a** Sergeant des Infanterie-Regiments du Caila
b Feldwebel/Fahnenjunker des Infanterie-Regiments Löwendahl

Adlerauflage für einen polnischen Offizier-Ringkragen, kann aber auch Auflage für einen Kartuschkasten sein.
Größe: 78 x 93 mm
Masse: 25 g
(Foto: Manfred Ebert / anamedia Werbedesign)

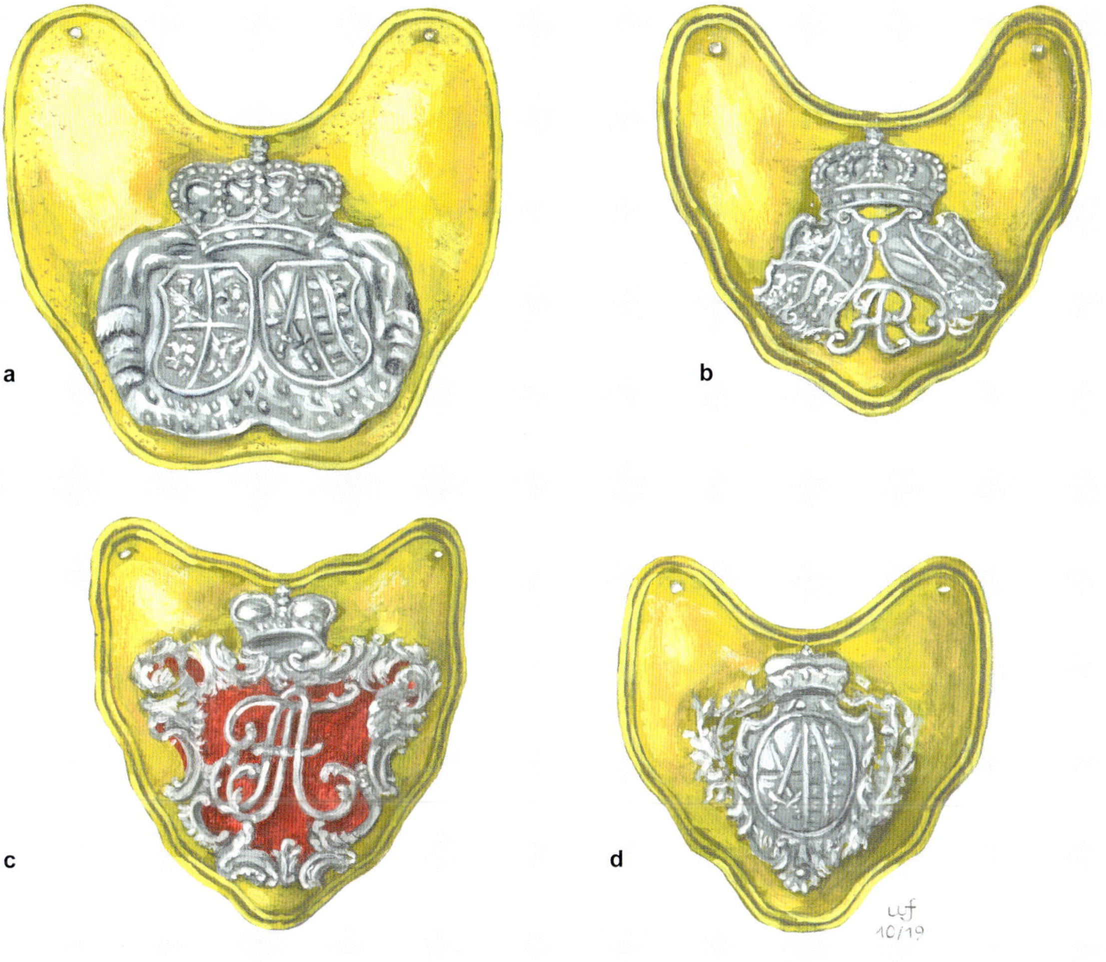

Ringkragen für Offiziere der Infanterie und Artillerie

a evtl. das am 7. Februar 1715 (oder früher?) eingeführte Modell mit Allianzwappen von Polen und Kursachsen unter polnischer Krone

b Modell 1730, evtl. bereits eingeführt bei der Neueinkleidung und Bewaffnung für das Zeithainer Lager

c nach dem Siebenjährigen Krieg eingeführtes Modell

d Ringkragen mit vom Kur- und Rautenkranzwappen gespaltenem ovalen Wappenbeschlag unter dem Kurhut alter Form (sächsische Münze mit Wappen dieser Form von 1780)

Vorderansicht der Ordinärmütze, aptiert nach 1732 für die Stadt Pirna
Besitzer: Stadtmuseum Pirna, Inv.-Nr. VIe/55/213
Repro/Foto: Frank Füssel

Rückansicht der Ordinärmütze

Grenadiermützen

Trotz ihres ab 1697 katholischen Landesherrn, trugen die kursächsischen Grenadiere im behandelten Zeitraum nicht die von katholischen Landesherren bevorzugten Pelzmützen, sondern solche in der Art der preußischen Füsiliermützen, mit Vorderschild von meist rockfarbenem Tuch mit verstärkendem durchbrochenen Metallbeschlag bzw. verziertem Randbeschlag und einzeln aufgesetzten Wappen. Der etwas niedrigere halbkugelförmige Kopfteil mit umlaufendem Kranz sowie metallenem Beschlag (meist in Form einer Granate) und flachen, nach oben führenden Metallstreifen hatte eine flammende Granate als Bekrönung. Nichtdurchbrochene Mützenbleche mit verziertem Rand hatten oben unter der Königskrone den Stern des Ordens des Weißen Adlers. Darunter waren auf bekröntem Wappenteil die beiden Allianzwappen von Polen/Litauen und das gespaltene kursächsische Wappen des Amtes und des Herzogtums Sachsen. Die Mützenbleche der Regimenter Grenadier-Garde, 1. und 2. Garde, Sachsen-Weimar und Sachsen-Weißenfels sowie der Grenadier-Frei-Kompanien waren wie oben beschrieben ausgeführt. Das Blech des Regiments Sachsen-Gotha war etwas anders gestaltet. Der Orden des Weißen Adlers ruhte, größer gezogen, auf einem gesondert aufgesetzten Schild. Unter der Königskrone befand sich in der Mitte eine flammende Granate, flankiert von den üblichen beiden Allianzwappen, diese waren wiederum seitlich von Fahnen und Trophäen eingefasst. Nur die Grenadiere des Grenadier-Regiments Sachsen-Weimar hatten stark vergoldete Mützenbleche. Dagegen hatte die Grenadiermütze des Regiments Kronprinz auf gelbtuchenem Vorderschild einen weißmetallenen Wappenbeschlag sowie eine Stirnklappe und ein gelbes Kopfteil. Die Grenadiermütze der Regimenter 1. und 2. Garde hatten zusätzlich ein rotbezogenes Vorderschild, eine gelbmetallene Randeinfassung sowie den Wappenbeschlag und die Stirnklappe.

Die Grenadier-Kompanien der Regimenter mit nicht fürstlichem Chef, also Böhnen/Haxthausen, du Caila, Löwendahl, Wilcke und Marché sowie der Dragoner-Regimenter Chevalier de Saxe, Arnstädt und Katte trugen ebenfalls die Grenadiermützen mit Rand und aufgesetztem Wappenbeschlag auf dem Tuchschild und umlaufenden Kranz, jedoch herabhängenden Mützenbeutel in Dublürenfarbe mit Quaste in Knopffarbe.

Am 30.04.1732 erhielt das Regiment Grenadier-Garde zusätzlich eine Ordinärmütze mit durchbrochenem Vorderschild aus Messing auf schwarzem Wachstuch. Auch das 1731 errichtete Grenadierbataillon Graf Friese, das aus dem 1729 aufgestellten Janitscharen-Korps hervorging, erhielt diese Mütze.

Die Grenadiere der Dragoner-Regimenter trugen natürlich als Eliten diese Grenadiermütze, aber allesamt nach dem Muster mit herabhängendem Beutel. Dabei war es unbedeutend, ob der Regimentschef Johann Georg, Chevalier de Saxe hieß und Sohn Augusts des Starken war oder auch nicht. Vorderschild und Kranz dieser Mütze waren mit rotem Tuch bezogen, der überkrönte Wappenschild war in der weißmetallenen Knopffarbe dieser Regimenter gehalten. Nur der Tuchbeutel verriet die Dublürenfarbe des Regiments. Ob auch die Carabiniers, als Elite der Kürassier-Regimenter, die Grenadiermützen trugen, wäre zwar möglich gewesen, ist aber nicht nachgewiesen.

Auch das Regiment Grenadiers à cheval hatte selbstverständlich seine Grenadiermütze. Dazu schrieben die Musterungsberichte von 1730: *„Die Mützen von vorn haben ein Aussehen wie andere, hinten aber hängt ein Zipfel herunter, die Bleche sind weiß von Metall“.* Auch Schuster/Francke gibt schon für 1730 paille als Dublürenfarbe an. Deshalb werden auch der Mützenbeutel paille mit weißer Biese und Quaste und der Kranz sicherlich rot gewesen sein. Für 1732 zeigt uns dann J.S. Mock eine Grenadiermütze mit rotbezogenem Vorderschild mit großflächigem und durchbrochenem Metallbeschlag, darauf die gekrönten Initialen „AR“, darunter das überkrönte Kur- und sächsische Herzogswappen sowie eine flammende Granate. Der rote Kranz mit floralem Seitenbeschlag zeigt hinten einen Maskaron. Das jetzt halbkugelige Mützenoberteil ist blau, mit Seitenspangen und oben mit flammender Granate.

Die Zimmerleute der Infanterie trugen eine eigene Version in normaler Kranzhöhe, vorn etwas erhöht und unter der Krone zwei gekreuzte Äxte, darunter das Monogramm „AR“ sowie eine flammende Granate. Der herabhängende Mützenbeutel war von der Dublürenfarbe des Regiments.

Spontons, Partisanen und Hellebarden (Kurzgewehre)

Bereits im 14. und 15. Jahrhundert war die Hellebarde die allgemein geführte Waffe der Fußknechte, doch als dann zu Beginn des 16. Jahrhunderts die Landsknechte den langen Spieß erhielten, wurde sie nur noch von den unteren Chargen geführt. So war sie auch bald die Waffe des „Weibels" und so blieb es auch im 17. Jahrhundert als sie schon fast aus den europäischen Heeren verschwunden war und schon Symbolcharakter hatte.

Im 18. Jahrhundert führten die Unteroffiziere der Regimenter zu Fuß eine Hellebarde, das sogenannte „Unteroffizierkurzgewehr". Ihr Charakter als Waffe trat gegenüber ihrer symbolischen Bedeutung beim Exerzieren und im Gefecht, z. B. als Richtungspunkt für die Linie, in den Hintergrund.

Auch die Partisane traf das gleiche Schicksal. Die Partisane, eigentlich ein Burka mit kürzeren Ohren, wurde in der Zeit der Landsknechte zur Stangenwaffe der Offiziere. Im 17. Jahrhundert blieb sie im Heiligen Römischen Reich Deutscher Nation und in den Niederlanden eine beliebte Waffe und wurde allgemein zur Waffe der Offiziere, mit oder ohne Quaste (je nach Rang in verschiedener Ausführung). Um 1700 löste der Sponton, eine kleinere Gattung der Partisane, welche sich aus dieser herausgebildet hatte, diese als Rangabzeichen der Offiziere ab. Es dauerte nicht lange und die Wahl, ob Hellebarde, Partisane oder Sponton zeigte auch die Dienststellung ihres Trägers an. Als Waffe der Offiziere kamen Partisanen und Spontons in Frage. Spontons gab es in fast allen protestantischen Staaten Mittel- und Nordeuropas, aber auch in Frankreich. Sie waren etwa 2,4 m lang und normalerweise für alle Offiziersdienstgrade gleich und zeigten in Form und Ausstattung keine Unterschiede. Das relativ breite Blatt war im unteren Bereich schmaler. Dort befanden sich oft die überkrönten Initialen des Landesherrn. Eine Waffe dieser Art wurde nur im offiziellen Dienst mit und vor der Truppe getragen.

Für die große Revue der kursächsischen Armee, die vom 31. Mai bis 26. Juni 1730 im Zeithainer Lager stattfand, wurden im Herbst 1728 für die Offiziere und Unteroffiziere der Infanterie-Regimenter und auch der Artillerie-Füsiliere neue Spontons, Partisanen und Hellebarden bestellt, die von der Potsdamer Manufaktur Splitgerber & Daun Ende 1729 ausgeliefert wurden. Die Spontonklinge war für alle Dienstgrade gleich. Im oberen Teil hatte sie einen Mittelgrat. Das untere Drittel war in der Mitte abgeflacht und hatte einen sechskantigen Querschnitt. Für Leutnants und Fähnriche befanden sich auf diesem Teil des Blattes markante pfeilspitzenartige und halbmondförmige Durchbrüche. Außerdem wiesen die Spontons nur drei Wülste an der Tülle auf. Für Stabsoffiziere und Kapitäne war dieser Teil des Blattes mit den vergoldeten überkrönten Monogramm „AR" verziert und breit golden eingefasst. Zusätzlich waren die vier Wülste der runden Tülle vergoldet, im Gegensatz zur Ausführung für die Stabsoffiziere, bei der die komplette Tülle vergoldet war. Im Jahr 1733 wurde dann die Tülle achtkantig. Die Schaftfedern wurden mit sechs Nieten am Schaft befestigt. Der eiserne Schuh, eine 62 mm lange Spitze mit Wulst, hatte zwei doppelt genietete Bänder von 90 mm Länge.

Auch für die Unteroffiziere gab es Kurzgewehre als Dienstwaffe. In vielen Armeen war dies eine Partisane für Sergeanten wie die des preußischen Unteroffizier-Kurzgewehrs alter Art oder die Hellebarde für Korporale. Man konnte also an der Form des Blattes den Rang des Trägers erkennen. Auch in Kursachsen wiesen die Unteroffizier-Kurzgewehre der Infanterie-Regimenter in der ersten Hälfte des 18. Jahrhunderts die Form der Partisanen für Sergeanten und die Hellebarden für Korporale auf. Der Schaftschuh bestand aus Messing, lief in einem Knopf aus und hatte zwei lange Schaftfedern mit drei Nägeln.

a b c d

Offizierspontons

a Sponton M 1730 für Leutnants und Fähnriche

b Sponton M 1730 für Kapitäne (für Stabsoffiziere, Tülle vollkommen vergoldet)

c ab 1733 geführter Sponton mit achteckiger Tülle, diese mit gekröntem „AR“. Klingenbasis der Rückseite geviert mit polnischem Adler und litauischem Reiter sowie aufgelegtem kursächsischen Herzschild

d wahrscheinlich 1764 eingeführtes Spontonmodell, welches laut Schuster/Francke nur noch bis 1769 geführt wurde. Klingenbasis der Rückseite mit aneinander gelehnten Kur- und Rautenkranzwappen unter dem Kurhut

Unteroffizierskurzgewehre

a Partisane für Sergeanten der Infanterie M 1729
a 1 nach einem Foto (Standort unbekannt)
b Partisane für Sergeanten der Infanterie
c Hellebarde für Korporale M 1729

Partisane für Trabanten der sächsischen Schweizergarde.
Vorder- und Rückseite
Klingenlänge ohne Tülle (mit Gewinde): 406 mm,
Klingenbreite: 182 mm
(Foto: Manfred Ebert / anamedia Werbedesign)

Partisane für Korporale der sächsischen Schweizergarde.
Klingenlänge ohne Tülle: 338 mm
Klingenbreite: 179 mm
Tüllenlänge: 97 mm
Federnlänge: 550 mm
(Foto: Manfred Ebert / anamedia Werbedesign)

1 Kavalleriedegen (Felddegen) Augusts II. mit Portepée
2 Interimsdegen mit Portepée
3 Stern des Ordens des Weißen Adlers (gestickt)
4 Kreuz des Ordens des Weißen Adlers
5 Patronentaschenbeschlag vom Infanterie-Regiment Kronprinz
6 Patronentaschenbeschlag vom Infanterie-Regiment Sachsen-Weißenfels

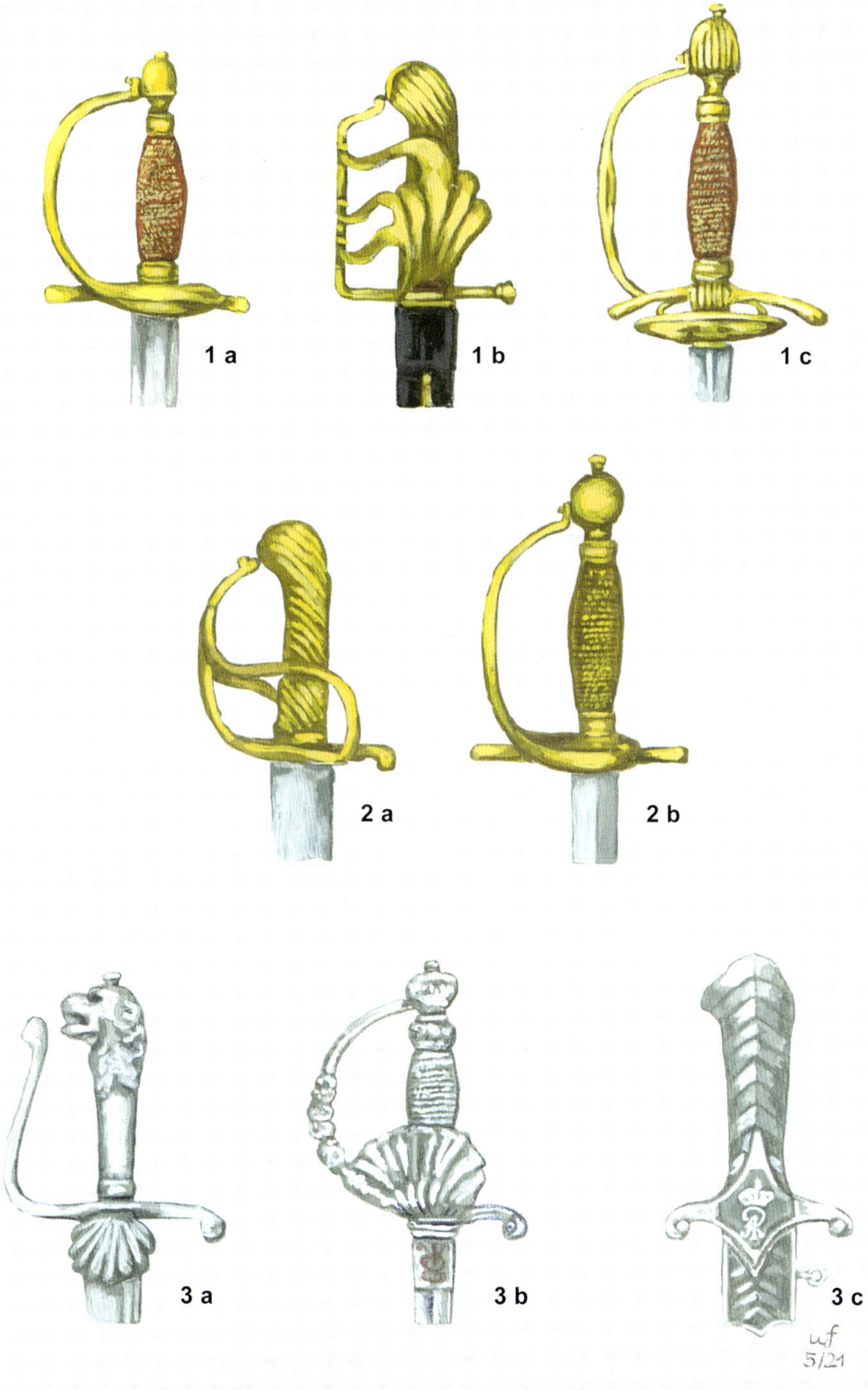

Blankwaffen für Infanterie und Artillerie

1 a Musketier-Degen
1 b Säbel für Unteroffiziere und Mannschaften der Grenadiere
1 c Degen für Offiziere der Infanterie
2 a Degen für Unteroffiziere und Mannschaften der Artillerie, Mineure und Pontoniere
2 b Degen für Offiziere der Artillerie
3 a Säbel für Unteroffiziere und Mannschaften der Schweizergarde
3 b egen für Offiziere der Schweizergarde
3 c Pallasch für Janitscharen

Kursächsischer Kürassier-Pallasch.
Gesamtlänge: 945 mm
Klingenlänge: 819 mm
Klingenbreite: 36 mm
(Foto: Manfred Ebert / anamedia Werbedesign)

Brustpanzer des Generalmajors Graf von Gfug 1730

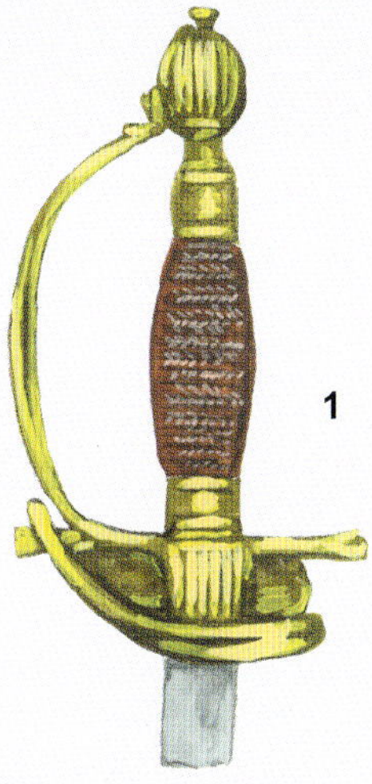

1

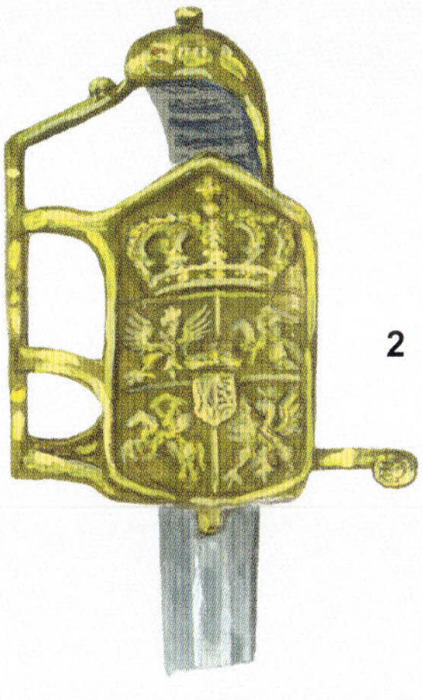

2

3

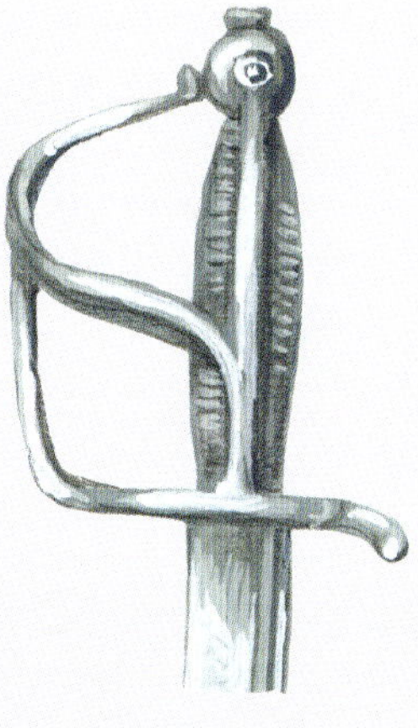

4

5

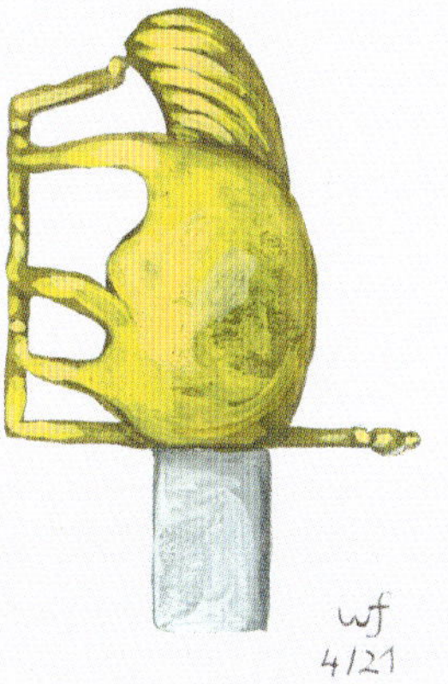

Blankwaffen der Kavallerie

1 Offiziersdegen um 1730

2 Pallasch für Dragoneroffiziere um 1730–1732

3 Kavalleriesäbel (evtl. bis in die 50er-Jahre geführt)

4 Pallasch mit gemuscheltem Gefäß für die Garde du Corps und Carabiniers-Garde sowie Unteroffiziere aller Kürassier- und Dragoner-Regimenter sowie Mannschaften der Dragoner-Regimenter Arnstädt und Chevalier de Saxe

5 Pallasch mit glattem Gefäß für Mannschaften der unter **4** nicht genannten Kürassier- und Dragoner-Regimenter

Brustbild Augusts des Starken, um 1730
oben rechts: Auflage des vermutlich ersten kursächsischen Ringkragens für Offiziere

Der König/Kurfürst um 1730 in persönlicher Uniform
oben rechts: Königlich polnisches und kurfürstlich sächsisches Allianzwappen, um 1715

August der Starke in persönlicher Uniform

Der König/Kurfürst besaß natürlich auch besondere, eigens für ihn geschaffene Uniformen. Eine davon bestand aus einem roten Uniformrock mit bleu mourant-farbenen Aufschlägen und ebensolchem Futter sowie silbernen Knöpfen, Tressen und Besatzschleifen mit Puscheln. Der Rock hatte, wie die meisten Röcke dieser Zeit, keinen Kragen. Die Unterkleider (Kamisol und Kniehose) waren ebenfalls bleu mourant-farben. Das Kamisol war, wie bei den meisten Offiziersdienstgraden, in gleicher Art mit Tressen besetzt. Der Hut des Königs war zu dieser Uniform an den Kanten mit einer Silbertresse eingefasst. Außerdem hatten die Kanten einen Besatz von weißen Federn, der sogenannten Plumage. Diese Plumage war in Kursachsen Augusts des Starken nur seinem Hut vorbehalten. Schabracke (Satteldecke) und Schabrunken (Pistolenhalfterdecken) zu dieser Uniform waren ebenfalls rot und mit floraler Silberstickerei besetzt.

Eine weitere Uniform des Königs/Kurfürsten bestand aus rotem Rock mit paillefarbenen Rabatten. Die roten Aufschläge waren, ebenso wie die Taschenpatten, mit breiter floral gemusterter Goldtresse eingefasst, die Aufschläge außerdem mit drei schrägen gleichartigen Goldtressen besetzt. Auf den Rabatten saßen 13 rotausgestickte Knopflöcher mit goldenen Knöpfen. Das paillefarbene Kollett hatte floralen Kanten- und Taschenbesatz. Der Hut zu dieser Uniform trug – wie sollte es auch anders sein – auch einen Besatz von Goldtresse und Plumage. Schabracke und Schabrunken waren in gleicher Weise besetzt.

Generalsuniformen

Zu Beginn des 18. Jahrhunderts trugen Generale noch keine ihnen vorgeschriebene Uniformen. Da aber die rote Farbe immer und überall zuerst ins Auge fiel, galt der scharlachrote Rock, reich mit Gold oder Silber bestickt oder bordiert, als Standeskleidung des europäischen Adels. Rote Uniformröcke oder auch blaue galten im Zeitalter des Barocks als protestantisch – und natürlich gab es Ausnahmen, wie z. B. die roten Röcke der Iren und Schweizer in königlich französischen Diensten.

Durch den langwierigen Färbeprozess war das rotgefärbte Tuch das teuerste. Man konnte also, wenn man den roten Rock trug, der Umwelt beweisen, dass man sich etwas leisten konnte. Ob dieser Rock mehr oder weniger mit Gold oder Silber verziert war, hing zudem einzig und allein vom Geschmack und Geldbeutel des Trägers ab. Auch die als Volontärs im Gefolge der Generale befindlichen Adligen konnten sich dies leisten.

Als einer der ersten Fürsten Europas führte August der Starke in seinem Kursachsen eine eigene Uniform für seine Generalität ein. Er bestimmte die Rockfarbe, der im Heer am stärksten vertretenen Waffengattung, der Infanterie – also Rot. Allerdings trug der General der Artillerie den grünen Rock seiner Waffe, konnte aber auch den allgemeinen roten Generalsrock tragen. Dagegen war für die Generale des Ingenieurkorps nur der rote Rock vorgesehen. Dieser rote Generalsrock war mit reicher Goldstickerei oder auch -betressung besetzt, mehr oder minder nach eigenem Gutdünken. Als Interimsuniform trug der Rock vorn nur eine Reihe goldener Knöpfe. Außerdem hatten die Generale noch die Möglichkeit „ihr Regiment", dessen Inhaber und Chef sie waren, ihrem Landesherrn vorzuführen und zwar in der Uniform ihres Regiments, zu Fuß und mit der Partisane oder dem Sponton in der Hand.

Die Hüte der Generale hatten an der Oberkante eine Goldtresse sowie eine weißseidene Kokarde mit zwei karmesinroten Durchzügen unter einer Goldschnur mit Knopf als Agraffe. Die Generalshüte zeigten noch keine Plumage, da dies dem Kurfürsten vorbehalten war. Die Tresse war an der Oberkante der Hüte des kursächsischen Heeres so angebracht, dass die Hälfte der Breite außen zu sehen war, die andere Hälfte innen.

Schabracke und Schabrunken der Generalität waren rot, mit floraler Goldstickerei entlang der Kanten und an letzteren mit Goldfransen.

Nach dem Tod Augusts des Starken erhielten die kursächsische Infanterie und die Generalität weiße Röcke.

Der Rock eines Generals der Artillerie hatte, ebenso wie der der Infanterie, die Grundfarbe des Rockes seiner Waffengattung – er war hier also grün. Der Halsausschnitt, die Rabatten, die Vorderkante des Rockes, die Schoßkanten und Aufschläge sowie Taschenklappen waren mit der breiten Goldtresse der Generale besetzt. Außerdem waren die Knopflöcher golden ausgestickt. Unter dem Rock trug er eine paillefarbene (Leder-?) Weste, deren vorderen Kanten sowie die quergesetzten Taschenklappen ebenfalls mit Goldtressen eingefasst waren. Unter dem Rock wurde dann, situationsbedingt, der Kürass mit dem großen, überkrönten „AR"-Beschlag getragen. Die Hutkanten waren ebenfalls mit breiter Goldtresse besetzt. Schabracke und Schabrunken waren ebenfalls rot, mit floraler Goldstickerei an den Kanten und goldener Franseneinfassung.

General vom Ingenieurkorps 1729
General in Interimsuniform 1730–1732
General in großer Uniform 1730–1732

Schweizergarde

Am 12. März 1616 wurde von König Ludwig XIII. in Frankreich eine Schweizergarde unter dem Namen „Les cent-suisses“ errichtet, die zusammen mit den „gardes du corps“ als Palastwache Dienst tat. Auch in der Wiener Hofburg versahen „Hundertschweizer“ diesen Dienst. Der nördliche Nachbar Kursachsens, Brandenburg-Preußen, hatte ebenso seine „Hundertschweizer“ wie auch „Grand Mousquetaires“ und „Grenadiers à cheval“, ganz nach französischem Vorbild. Allerdings wurden all diese Formationen 1713 wieder aufgelöst, sofort nach dem Regierungsantritt von König Friedrich Wilhelm I.

Die Nachbarn waren auch der Grund dafür, dass Kursachsen seine Schweizergarde haben musste. Kurfürst Johann Georg ließ bereits 1656 in der Schweiz 20 Mann zur Verstärkung seiner Trabanten-Leibgarde anwerben, die 1661 um eine weitere Kompanie verstärkt wurde. Johann Georg III. löste jedoch „alle die kostspieligen Garden“ auf. Beibehalten wurde nur die Leibgarde zu Ross und die „Deutsche Leibguardi zu Fuss“. Die Fußgarde wurde in die zerschlissene „Schweizertracht“ der entlassenen „gelben“ Schweizer eingekleidet und „Schweizergarde“ genannt. August der Starke löste diese dann aber am 16. Juli 1698 auf. Aber bereits am 24. Juli 1699 wurde die Leibgarde in der „hergebrachten Schweizertracht“ mit 48 Mann wieder aufgestellt. Die ursprüngliche „gelbe Liberey“ mit sogenannten Roten Bauschen, wurde nun in Gelb und Hellblau geändert, den Livreefarben. Die meist „Schweizergarde“ genannte Trabanten-Leibgarde wurde 1725 in eine Schweizergarde umgewandelt, in welcher später die Offiziere auch zum Großteil Schweizer, Unteroffiziere (Rottmeister) und Gardisten aber Sachsen waren. Die sogenannte „Schweizertracht“ wurde zur Gala getragen, die „Ordinäre deutsche Montierung“ im täglichen Dienst. Selbst die drei Tambours, drei Pfeifer und acht Spielleute trugen hier die Livree in der gleichen Zusammenstellung wie die Mannschaften und nicht in anderen Farben wie sonst üblich. Doch dafür trugen die Offiziere sowie der Wachtmeister-Leutnant Unterkleider und Samtröcke in bleu mourant mit gelben Aufschlägen, alles mit reicher Silberstickerei besetzt.

Offiziere trugen Partisanen, deren untere Klingenhälfte sowie die Tülle vergoldet waren. Die Partisanen der Rottmeister hatten eine geflammte Spitze, dagegen war die der Mannschaften gerade. Die Quasten waren von blauer und gelber Seide, beim Rottmeister von Silberfäden durchzogen, die der Offizierspartisanen silbern-blauseiden.

Die Offiziere, einschließlich des Wachtmeister-Leutnants, hatten Degen mit silbernem Gefäß, Rottmeister und Gardisten trugen zur Gala Säbel mit silbernem Löwenkopfgriff, zur ordinären deutschen Montierung solche mit gelbmetallenem. Im Fall des Ausrückens in „deutscher Montur“, also mit Hut, Rock (nicht in Schweizertracht) und mit Gewehr, sollten die Offiziere den Sponton führen.

Die Schweizergarde führte keine Fahne, obwohl ein Fahnenträger im Etat stand.

Trabant der Schweizergarde in „deutscher Montur"
Tambour der Schweizergarde in Gala-Uniform
Schweizer Gardist in Gala-Uniform

Grenadier-Garde

Im Jahre 1729 ließ der Kurfürst/König das Regiment Grenadier-Garde aufstellen. Das 1. Bataillon des Regiments wurde von Major von Frankenberg in Warschau, das 2. Bataillon von Oberstleutnant von Natzmer in Meißen formiert. Zum Chef wurde Generalmajor Friedrich August Graf von Rutowsky (Ende 1727 Oberst der Garde du Corps und Generalmajor der Kavallerie) ernannt. Bis 1732 führte das Regiment seinen Namen und wurde deshalb auch Regiment Rutowsky genannt. Es rangierte vor den Regimentern 1. Garde und 2. Garde. Die Stärke dieses Regiments, die von der anderer Infanterieregimenter abwich, war mit 1 512 Mann angegeben. Es besaß eine eigene Struktur und hatte zwei Bataillone zu je sechs Kompanien (es kam aber auch die Formation mit drei Bataillonen zu je vier Kompanien vor). Der Stab bestand aus neun Offizieren, einschließlich des Auditeurs, 16 Hoboisten, einem Regimentstambour sowie einem Regimentsknecht, zusammen 24 Mann. Jede der zwölf Kompanien hatte fünf Offiziere, einschließlich des Fahnenjunkers, zwölf Unteroffiziere, drei Tambours, einen Pfeifer, zwei Zimmerleute, 100 Grenadiere, zusammen 123 Mann.

Durch den zitronengelben Rock mit roter Dublüre und Weste sowie Messingknöpfen – Offiziere hingegen silberne Knöpfe und reicher Tressenbesatz – unterschied es sich von der 1. und 2. Garde als auch von den übrigen Infanterieregimentern.

Rückte dieses Regiment mit Hut aus, führten die Offiziere Spontons und die Unteroffiziere ihre Kurzgewehre. Rückte es aber mit der Grenadiermütze aus, dann führten alle Ränge die entsprechenden Flinten, wobei die Offiziere kürzere Gewehre mit dem besonderen Bajonett hatten. Aber auch sie trugen Grenadiermützen. Die Ringkragen aller Offiziere, vom Oberst bis hinunter zum Sous-lieutenant, waren silbern mit vergoldetem, überkröntem „AR“ und mit rotem Samt unterlegt. Die Kurzgewehre der Sergeanten hatten eine geflammte Spitze, die der Fahnenjunker, Fouriere (Furiere), Capitain des armes und Korporale eine gerade Spitze.

Tambours, Pfeifer und Hoboisten trugen Röcke in den Farben des Regiments mit Schwalbennestern und Ärmelbesatz in Form von Sparren in Weiß. Die Hoboisten hatten jedoch silberne Hüte mit silberner Tresse und rot-weißen Eckpuscheln. Später erhielten sie Röcke in den blau-gelben Farben der Hoflivree. Die Trommeln zeigten das getriebene Wappen. Die 16 Hoboisten des Regiments führten silberne Instrumente.

Die Grenadiermütze hatte ein silbernes Vollblech, allerdings ohne Kreuz des Ordens des Weißen Adlers unter der polnischen Krone. Unten auf dem überkrönten Wappenmantel prangten die ovalen Wappenschilde von Polen/Litauen sowie der vom Kursächsischen- und Rautenkranzwappen gespaltene Schild. Am 30. April 1732 erhielt das Regiment Grenadier-Garde sowie das Grenadier-Bataillon Graf Friese noch eine, als Ordinärmütze vorgesehene Grenadiermütze aus schwarzem Wachstuch. Diese zeigte auf dem durchbrochenen Vorderblech aus Messing oben unter der polnischen Königskrone das Kreuz des Ordens des Weißen Adlers und unten auf der Stirnklappe das überkrönte „AR“.

Das Spontoneisen der Stabsoffiziere war vergoldet, ebenso der Schaft und der Schuh. Der Sponton des Kapitäns, des Premier- und Sous-lieutenants hatte eine geflammte Spitze und mit messingenem. Für Fahnenjunker, Fouriere, Capitain des armes und Korporale waren diese mit gerader Spitze.

Zimmerleute trugen rotbraune Schurzfelle. Die Äxte zeigten vergoldete Ätzungen sowie ein vergoldetes „AR“-Monogramm und Granate.

Die Grenadiere erhielten als Seitenwaffe einen Pallasch mit messingenem, kleingemuschelten Gefäß.

Die Offiziere des Regiments hatten Gewehre mit dazugehörigem Spundbajonett. Doch schon 1731 wurden diese wieder eingezogen und durch ein Tüllenbajonett ersetzt.

Die Offiziere führten Degen mit silbernem Gefäß.

Kapitän der Grenadier-Garde im Dienst mit Hut 1732
Sergeant der Grenadier-Garde im Dienst mit Hut 1732
Grenadier der Grenadier-Garde im Dienst mit Grenadiermütze

Blech für Grenadiertasche eines kursächsischen Infanterie-Regiments, Befestigung mittels Draht über vier Doppellöcher.
Größe: 151 x 171 mm
Masse: 90 g
(Foto: Manfred Ebert / anamedia Werbedesign)

1 a

1 b

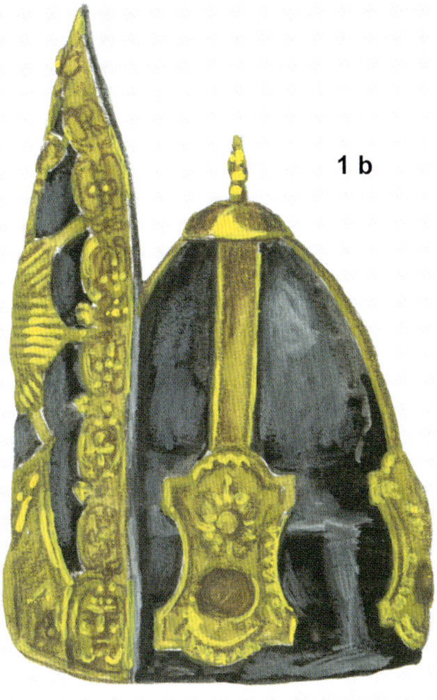

Regiment Grenadier-Garde

1 Ordinärmütze für Unteroffiziere und Mannschaften ab 30. April 1732
a Vorderansicht, **b** Seitenansicht
2 Patronentasche für Unteroffiziere und Mannschaften
3 Grenadiermütze für Offiziere
4 Patronentasche für Offiziere

2

3

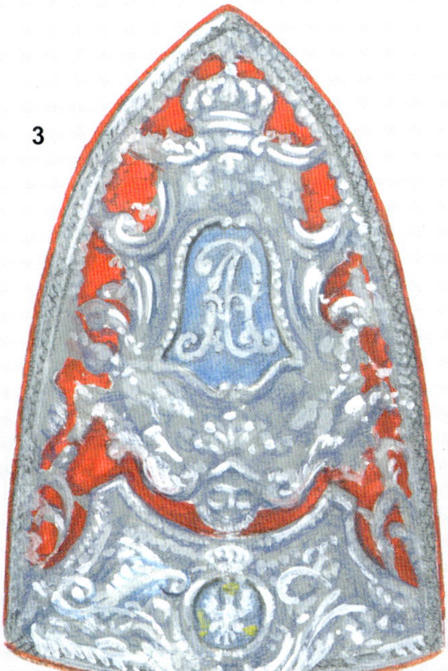

4

Die Regimenter 1. und 2. Garde zu Fuß

Das Regiment 1. Garde zu Fuß wurde 1663 von Oberstleutnant Brand von Lindau aufgestellt, das 2. Regiment 1688 von Oberstleutnant Cuno Christoph von Birkholz. Nach mehrfachem Namenswechsel wurden beide Regimenter 1706 als Garde zusammengelegt. Bereits 1707 bestanden aber wieder nur zwei Bataillone als Garderegiment. Noch im selben Jahr wurden wiederum zwei Regimenter gebildet, das zweite aus dem 3. und 4. Bataillon der Garde in Polen. 1712 wurden beide Regimenter nun offiziell 1. und 2. Garde zu Fuß genannt. Offiziell war natürlich der König/Kurfürst der Chef beider Regimenter. Das 1. Regiment hatte ab 1728 Oberstleutnant Julius Friedrich von Weißenbach als Kommandeur, ab 1728 dann den Generalmajor der Garde du Corps Georg Wilhelm von Birkholz. Das 2. Regiment wurde ab 1725 von Oberst Karl Andreas von Jasmund kommandiert. Beide Regimenter bestanden aus je zwei Bataillonen, jedes der Regimenter in der Gesamtstärke von 1 441 Mann.

Die Regimenter trugen einen paillefarbenen Rock mit roten Auf- und Umschlägen sowie Rabatten. Auch Weste und Hose waren von roter Dublürenfarbe, die Knöpfe aus Zinn. Weiß waren auch Knopf- und Einfassborten an den Kanten der Weste und der Aufschläge.

Die Bleche der Grenadiermützen der Regimenter Grenadier-Garde, 1. Und 2. Garde, des Regiments Sachsen-Weißenfels sowie der beiden ernestinischen Regimenter Sachsen-Weimar und Sachsen-Gotha bestanden aus Silberblech, das des Regiments Sachsen-Weimar war jedoch stark vergoldet. Auf dem Mützenblech war oben die polnische Krone zu sehen. Darunter befand sich, angedeutet auf einem größeren Schild, der Stern des Ordens des Weißen Adlers und darunter ein gekrönter Wappenmantel. Auf diesem lagen aneinander gelehnt, auf ovalen Schilden, das polnisch/litauische Wappen und das kursächsische gespaltene Wappen. Das halbkugelförmige Kopfteil und der Kranz der Grenadiermütze waren rot. Die flammende Granate, die Spangen, die floralen Verzierungen sowie der Maskaron auf dem Kranz waren wie die Knöpfe des Rockes silbern.

Die zur normalen Uniform vorn am Leibriemen getragene Kartusche hatte vorn in der Mitte ein weißmetallenes Oval mit dem Monogramm „AR“. Auf der großen Patronentasche der Grenadiere befand sich ein großer überkrönter Wappenmantel mit den beiden Allianzwappen, darunter (etwas kleiner) der Stern des Ordens des Weißen Adlers.

Die Offiziere der beiden Regimenter trugen im Dienst einen silbernen Ringkragen mit vergoldetem Wappen. Der Ringkragen war mit karmesinrotem Samt gefüttert.

Als Besonderheit hatte das 1. Regiment Garde zu Fuß noch eine zweite Uniform zur Gala erhalten. Diese bestand aus einer blauen Superweste (genau wie die der Chevaliergarde). Sie trug vorn ebenfalls den gestickten Stern des Ordens des Weißen Adlers und war golden betresst. Unter der Superweste wurde ein roter Rock mit paillefarbenen Auf- und Umschlägen getragen. Die Goldtressen darauf hatten blaue Durchzüge. Zu dieser Gala-Uniform wurde die rote Halsbinde angelegt statt der schwarzen zum paillefarbenen Rock. Außerdem wurde dazu eine spezielle Grenadiermütze mit rotbezogenem Vorderblech getragen. Auf diesem befand sich ein großer gelbmetallener Beschlag mit den beiden Allianzwappen und unten eine gelbmetallene Stirnklappe mit dem Monogramm „AR“, flankiert von zwei flammenden Granaten. Zum roten halbkugelförmigen Kopfteil mit Spangen und flammender Granate, gehörte ein ganzmetallener Kranz mit seitlicher Granate und hinten einem Maskaron.

Korporal vom 1. und 2. Regiment Garde
Grenadier vom 1. Regiment Garde in Gala-Uniform
Kapitän vom 1. oder 2. Regiment Garde außer Dienst

Grand-Mousquetaires

Bereits 1692 wurde eine Kompanie Grand-Mousquetaires als Schule für künftige Kavallerieoffiziere aufgestellt. 1693 fungierten sie als Leibgarde-Dragoner, im Dezember desselben Jahres als Eskadron der Grenadiers à cheval. 1694 wurden sie auf die anderen Kavallerieeinheiten aufgeteilt. 1699 sollte wieder ein Korps Grand-Mousquetaires in einer Stärke von drei Kompanien errichtet werden. Es kam aber nur eine Kompanie zusammen, die wieder aufgelöst und in die umgestaltete Garde du Corps eingegliedert wurde.

Im Januar 1730 wurde erneut ein Korps Grand-Mousquetaires, diesmal nur aus Offizieren bestehend, in einer Stärke einer Eskadron zu zwei Kompanien errichtet. Offiziell gehörten die beiden Kompanien nicht zur sächsischen Armee und wurden aus polnischen Kassen bezahlt. Der polnische Adel soll laut Schuster/Francke darin besonders zahlreich vertreten gewesen sein. Das Korps wurde vom Generalmajor Fürst Jacob Alexander Lubomirski als Kapitän der Grand-Mousquetaires kommandiert. Adjutant war ein Major, Leutnant ein Oberstleutnant, Sous-lieutenant ein Major, Fähnrich, Sergeant und Fahnenjunker waren jeweils ein Kapitän, Korporal und Trabant ein Leutnant. Die an der Uniform getragenen Rangabzeichen waren die ihres jeweiligen Ranges in der Gardeeinheit.

Die Grand-Mousquetaires taten, ebenso wie ihr französisches Vorbild, ihren Dienst sowohl zu Fuß als auch zu Pferd. Beim Dienst zu Fuß trugen sie einen roten Rock ohne Rabatten, mit silbernen Tressen und Knöpfen sowie Achselbänder auf beiden Schultern(!). Aufschläge und Westen waren paillefarben. Die Hutkanten waren mit einer Silbertresse eingefasst, nur der Kapitän hatte statt der Huttresse eine weiße Plumage. Die Schuhe hatten ab 1730 viereckige Schuhschnallen, weil die der Preußen rund waren.

Beim Dienst zu Pferd wurde ein paillefarbenes Kollett mit gleichfarbigen Auf- und Umschlägen getragen. Kanten und Nähte waren mit silberner, rotdurchzogener Tresse besetzt. Über dem Kollett wurde eine rote Superweste getragen. Auf deren Brust- und Rückenteil prangte ein silberner Stern, auf dessen roter Mitte das Wort „Jehova“ in Hebräisch gestickt war.

Je drei Grand-Mousquetaires hatten einen Sattelknecht zu unterhalten. Dieser trug einen karmesinroten Rock ohne Rabatten, mit gelber Dublüre und Zinnknöpfen sowie weißen Achselschnüren.

Nach dem Zeithainer Lager wurde diese Truppe auf eine verstärkte Kompanie reduziert und 1733 (nach Verlohren) bzw. 1735 (nach J. Eichhorn) aufgelöst.

Standartenjunker (Wachtmeister) der Grand-Mousquetairs 1730
Trabant der Schweizergarde in deutscher Montur

Kapitän der Grand-Mousquetaires und „Postreuter“

Offiziere der Grand-Mousquetaires zu Fuß im Dienst 1729
Prunk-Kürassier (Trabant der Garde du Corps) 1730

Chevaliergarde

Die Chevaliergarde wurde 1703 ins Leben gerufen, verstärkt und 1717, zusammen mit der Garde du Corps, der „Maison du roi“ zugeteilt. 1730–1732 hatte sie die Stärke eine Eskadron zu zwei Kompanien. Dieses Korps bestand nur aus Offizieren. Zum „Capitain“ des Korps hatte sich August der Starke selbst ernannt. Der eigentliche Kommandierende war daher der Kapitänleutnant und General der Kavallerie Peter Robert Tagarel, Graf von Lagnasco. Als Leutnant fungierte der Generalleutnant Graf Montmorency. Durch kurfürstliche Ordre von 1714 wurde dem Sous-brigadier der Rang eines Oberstleutnants der Kavallerie, dem Brigadier der eines Oberst sowie dem Sous-lieutenant der eines Generalmajors der Kavallerie in der Armee verliehen. Leutnant und Kapitänleutnant bekleideten den Rang eines Generalleutnants bzw. eines Generals der Kavallerie. Der Trabant hatte den Rang eines Kapitäns in der Armee.

Als Gardisten dienten oftmals ausländische Adlige. Das Korps befand sich meist in Polen und fand oftmals Verwendung mit speziellen Aufträgen in der Diplomatie. Daher nannte man es auch das diplomatische Korps auf militärischer Grundlage.

Die Chevaliergarde trug ein ledernes Kollett mit Goldtressenbesatz und darüber eine blaue Superweste, ebenfalls mit goldenem Besatz in gleicher Ausführung wie die Superweste zur Gala-Uniform des Regiments 1. Garde, auf der Brust das farbig gestickte Kreuz des Ordens des Weißen Adlers. Dessen Mitte trug, laut J. Eichhorn, in Gold gestickt das Wort „Jehova“. Die Abbildungen zeigen jedoch sowohl bei der 1. Garde als auch bei der Superweste der Chevaliergarde stattdessen das überkrönte Monogramm „AR“. Als Interimsuniform wurde ein scharlachroter Rock mit dunkelblauer Dublüre und gelbmetallenen Knöpfen sowie goldener Stickerei getragen, dazu eine Weste in paille und eine lederne Hose. Jeder der Gardisten hatte einen Reitknecht in blauer und roter Montur, mit Achselbändern zu halten.

Nach 1735 wurde die Chevaliergarde nicht mehr gefördert und man ließ sie langsam eingehen.

Trabant der Chevaliergarde
Standartenjunker der Garde du Corps

Garde du Corps

So wie jeder Fürst Europas nach einer Schlossanlage à la Versailles strebte, so waren für viele auch Haustruppen (Maison du roi), gleich ob „Les gardes du corps", „Les cent-suisses", „Les gardes suisses" oder auch „Les mousquetaires" das Erstrebenswerteste, das sie selbst besitzen mussten.

Auch August der Starke hatte seine Garde du Corps, Chevaliergarde, Schweizergarde, Grand-Mousquetaires und Grenadiers à cheval. Allen diesen Gardeeinheiten war gemeinsam, dass alle Angehörigen, ob Offiziere, Unteroffiziere oder Mannschaften eigentlich zwei Dienstgrade innehatten. So dekretierte z. B. auch Zar Peter I. von Russland 1722 eine Rangliste, wonach der Dienst in der Garde ein um zwei Ränge, in der Artillerie einen um einen Rang höhere Einstufung bedeutete. Und auch August der Starke verlieh den Offizieren der Garde du Corps, der Chevaliergarde und der Grand-Mousquetaires einen um einen Dienstgrad höheren Rang gegenüber den gleichrangigen Offizieren der normalen Kavallerieregimenter. Trat z. B. ein Major der Garde du Corps zu einem Dragoner-Regiment über, dann musste er als Oberstleutnant eingestellt werden.

Der Ursprung des sächsischen Regiments der Garde du Corps war das „Reisige Hofgesinde" in der Mitte des 16. Jahrhunderts. Sein Name wechselte ständig. Ebenso wechselten häufig die Stärke und die Struktur. Erst ab 1710 führte es dauerhaft den Namen „Garde du Corps". Im Zeithainer Lager war es mit 52 Offizieren und 810 Unteroffizieren und Mannschaften beteiligt.

Ab 1717 wurde das Regiment vom Regimentschef Prinz Johann Adolf von Sachsen-Weißenfels geführt. Regimentskommandeur war ab 1726 Generalmajor Georg Wilhelm von Birkholz. Weiterhin gehörte zum Regimentsstab ein Oberstleutnant, ein Major, je ein Regimentsquartiermeister, ein Adjutant, ein Oberauditeur, ein Oberfeldscher, ein Feldprediger, ein Pauker, zwei Trompeter sowie ein Profoss mit einem Knecht.

Im Jahr 1713 befahl der Kurfürst die Verstärkung und Einteilung des Regiments auf sechs Eskadrons zu zwölf Kompanien. Entsprechend wurde der Stab vergrößert und jede der zwölf Kompanien hatte nun eine Stärke von 71 bis 73 Mann. Zu jeder Kompanie gehörten drei bis fünf Offiziere (Kapitän, Premierleutnant bzw. Sous-lieutenant und Kornett), sieben Unteroffiziere (Wachtmeister, Standartenjunker, Fourier, Feldscher, drei Korporale), ein Trompeter und 60 Trabanten.

Die Trabanten des Regiments trugen einen karmesinroten Rock ohne Kragen, mit bleu mouranten Rabatten, Auf- und Umschlägen, paillefarbener Weste und Hose, vergoldeten Knöpfen und goldener Huttresse. Die Knöpfe saßen 3:3:3 auf den Rabatten, darunter rechts drei, links drei Knopflöcher, drei auf dem Aufschlag und zwei auf dem Rücken in der Taille. Die Weste war vorn kollettartig umgeschlagen und an den Kanten mit gelber, rot durchzogener Borte besetzt. Die bleu mouranten Karabiner- und Patronentaschenriemen trugen goldenen Tressenbesatz. Der Offiziersrock hatte goldenen Tressenbesatz an den Kanten (Halsausschnitt, Vorderkante, Ärmellöchern und -nähte, Taschen sowie Rabatten und Aufschläge). Die Rabatten trugen zehn gleichweit gesetzte Knöpfe und golden ausgestickte Knopflöcher. Die Weste wies ebenfalls Tressenbesatz an den Kanten und quergesetzten Taschen auf. Die Handschuhe der Offiziere hatten goldene Tressen an den Stulpenkanten. Trompeter und Pauker trugen den zitronengelben Rock der Hoflivree mit bleu mouranten Auf- und Umschlägen, mit silbernen Knöpfen sowie Trompeterflügel.

Das Regiment trug keine Kürasse. Schabracke und Schabrunken waren von bleu mourantem Tuch und trugen den überkrönten Wappenmantel mit dem „AR" sowie orangefarbener Randborte, bei Offizieren mit Goldtresse. Die karmesinrote Mantelrolle zeigte den bleu mourant-farbenen Kragen. Das Regiment war auf Rappen oder ganz Dunkelbraunen beritten, Trompeter und Pauker auf Schimmeln.

Zu einer besonderen Vorführung im Gebrauch von Lanzen im Zeithainer Lager sowie im Feldlager von Czerniaków wurde ein Teil des Regiments als Prunkkürassiere ausgerüstet. Sie trugen dann eine polnische Sturmhaube (siehe W. Boeheim: „Handbuch der Waffenkunde", Fig. 45), einen Brustkürass mit Armzeug, aber ohne Ellbogenkacheln sowie ein nicht komplettes Armzeug. Dargestellt sind sie nur auf dem Gemälde von J.S. Mock „Feldlager von Czerniaków 1732" sowie bei R. Knötel.

Offizier vom Regiment der Garde du Corps
Trompeter vom Regiment Garde du Corps in Dienstuniform

Carabiniers-Garde

1713 wurde das Dragoner-Regiment Ansbach-Feilitzsch des Markgrafen von Ansbach-Bayreuth „leihweise" in kursächsische Dienste übernommen. Zum neuen Regimentschef wurde Generalfeldmarschall Joachim Friedrich Graf Flemming ernannt und das Regiment hieß nun bis 1717 Ansbach-Flemming. 1717 erhielt es den General der Kavallerie Wolf Heinrich Graf Baudissin zum neuen Chef und nannte sich nun bis 1730 Baudissinisches Dragoner-Regiment. Zum Kommandeur bekam es 1729 den Oberst Joachim Heinrich von Dürrfeld.

Von 1729 bis 1730 wurde das Regiment auf zwölf Kompanien in sechs Eskadrons verstärkt und in ein Carabiniers-Regiment umgewandelt. Als ein solches nahm es auch am Zeithainer Lager teil. Am 1. Oktober 1730 wurde es zur Carabiniers-Garde erhoben und rangierte damit hinter der Garde du Corps. Das Regiment hatte nun Struktur und Etat wie die Garde du Corps. Als Kommandeure des Doppelregiments fungierten die Obersten von Dürrfeld und von Pröbig. 1730 war Adam Friedrich von Brand ebenfalls Oberst der Carabiniers-Garde bis er 1732 ein neues Kürassier-Regiment aufstellte. Die Offiziere der Carabiniers-Garde erhielten keinen höheren Dienstgrad als den, den ihr Patent aufwies.

Das Regiment war in Polen stationiert und wurde dort auch als die sächsische Garde in Polen bezeichnet.

1729 erhielt das Regiment als einziges der kursächsischen Kavallerie einen weißen kragenlosen Rock mit ponceauroten Auf- und Umschlägen mit gelbmetallenen Knöpfen und weißer Weste. Der Offiziersrock besaß dagegen einen roten Kragen. Die Hosen waren aus Leder oder paillefarbenem Tuch. Kon.B zeigt für die Offiziere zur Parade lederne Hosen, Kon.A dagegen rote Tuchhosen. Die Knöpfe auf den Rabatten der Unteroffiziere und Mannschaften saßen wie üblich 2:2:2 auf den Rabatten des Offiziersrocks acht gleichmäßig gesetzte Knöpfe mit goldenen Schleifen, Kragen und Rabatten mit gesticktem goldenen Besatz. Die Rocktaschen und die Aufschläge waren mit drei goldenen Schleifen besetzt. Die Weste der Offiziere hatte nicht den üblichen Tressenbesatz wie bei Infanterie- und Kavallerieoffizieren, sondern die Westenkanten waren mit Goldtressen besetzt, ebenso die Taschenklappen, die drei Knopflöcher der Klappen waren ausgestickt und unter der Taschenklappe verlief eine parallele Tresse.

Obwohl das Regiment keinen Kürass tragen sollte, zeigen die Darstellungen der Stabsoffiziere der beiden Konvolute einen Kürass. Bei den Unteroffizieren trug der Korporal, mit knopffarbener Borte eingefasste Rabatten und Aufschläge, beim Sergeanten war diese von Tresse, die Aufschläge mit einer zweiten Goldtresse eingefasst. Außerdem war auf der linken Schulter des Wachtmeisters und des Standartenjunkers eine Achselschnur befestigt.

Statt der für die Dragoner-Regimenter üblichen Tambours, erhielt das Regiment Carabiniers-Garde nun Trompeter als Signalgeber. Ob Trompeter und Pauker des Regiments aber nun auch Trompeterflügel am Rock trugen, ist bis jetzt nicht geklärt. Man weiß aber, dass sie mit einem kragenlosen roten Rock bekleidet waren, der paillefarbene Rabatten, Auf- und Umschläge hatte. Die Rockkanten zeigten goldenen, zweimal rotdurchzogenen Tressenbesatz, außerdem befanden sich noch acht schräggesetzte Tressen zwischen den Ärmelnähten. An der paillefarbenen Weste waren auch die Kanten besetzt und die Taschenklappen eingefasst. Trompeten und Pauken waren silbern, die Trompeten mit rot-goldenem Kordon (Banderol), die Paukendecke rot mit goldener Stickerei. Die Schabracke der Trompeter und Pauker war im verlustig gegangenen Konvolut des ehemaligen Armeemuseums von rotem Tuch mit betresster Kante (ohne weiteren Besatz).

Im Kon.B wird die Schabracke und Schabrunke des Regiments weiß mit gelbem, rotdurchzogenen Bortenbesatz sowie überkrönten „AR"-Monogramm dargestellt und mit weißer Mantelrolle. Bei Kon.A ist das Grundtuch rot und mit Monogramm.

Die Carabiniers-Garde sowie die Unteroffiziere aller anderen Kürassier- und Dragoner-Regimenter erhielten einen Pallasch mit gemuscheltem Gefäß, die Mannschaften der vier Kürassier- und Dragoner-Regimenter den Pallasch mit glattem Gefäß.

Standartenjunker vom Regiment Carabiniers-Garde
Trompeter der Carabiniers-Garde im Koller

Grenadiers à cheval

1730 wurden vom Herzogtum Sachsen-Gotha zwei Eskadrons Dragoner von je zwei Kompanien mit 75 Mann und einem Stab von 18 Mann in kursächsische Dienste übernommen und nun als Regiment Grenadiers à cheval bezeichnet. Im Jahr 1732 wurden sie um zwei weitere Kompanien verstärkt. Ihr Chef war und blieb der Oberst Prinz Christian Wilhelm von Sachsen-Gotha. Der Kommandeur war Oberstleutnant Friedrich Gottlob von Milkau.

Die Dragoner behielten ihre Uniformen, aber die gelbmetallenen Mützenbleche wurden durch weißmetallene mit dem kursächsischen Wappen ersetzt. Ihre Uniformröcke waren aus rotem Tuch, fielen aber durch ihre kurzen, nur über den Ellenbogen reichenden und unten weitgeschnittenen Ärmel auf. Die paillefarbene Weste, deren unterer Teil der Ärmel (wegen der kurzen Rockärmel) zu sehen war, war ebenso wie der Rock, reich mit weißer (zweimal blaudurchzogener) Borte besetzt. Die beborteten Taschen auf Rock und Weste saßen senkrecht. Die Knöpfe waren weißmetallen. Von den Wachtmeistern und Standartenjunkern wurden weißblaue Achselschnüre mit silbernen Stiften getragen, nicht aber von Sergeanten und Korporalen. Die Borten der Grenadiers à cheval waren von weißer Wolle (zweimal blau durchzogen), die der Sergeanten und Korporale von Seide.

Ihre Grenadiermütze wird für den 1. Juni 1730 (dem Beginn des Zeithainer Lagers) als *„paille niedrige Grenadiermütze … hinten mit kurzen spitzigen Säcken mit einem Puschel"* beschrieben. Und in Musterungsberichten von 1730 steht: *„Ihre Mützen haben von vorn ein Aussehen wie andere, hinten aber hängt ein Zipfel herunter."* - also genau wie die Grenadiermütze der Grenadiere der Dragoner-Regimenter. Nach dem Befehl des Königs/Kurfürsten vom 24. November 1731 sollten zwölf Grenadiermützen für Offiziere umgearbeitet, die Beutel abgenommen und durch den blauen, kugelförmigen Kopfteil ersetzt werden. J.S. Mock zeigt nun auf einem seiner beiden Bilder vom Feldlager bei Czerniaków für 1732 die Grenadiermütze mit diesem blauen Kopfteil.

Eigenartig aber bleibt bei diesem Regiment, dass nur die Offiziere blaue Westen und Hosen tragen und die Schoßumschläge ebenfalls blau sind. Übrigens sind im Kon.A die Schoßumschläge bei Unteroffizieren und Mannschaften ebenfalls blau dargestellt, dagegen im Kon.B paillefarben.

Da diese Grenadiers à cheval zu den Dragonern zählten, hatte das Regiment als Signalgeber Tambours. Im Gegensatz zu den Trompetern und Paukern trugen sie keine Trompeterflügel an ihrem Uniformrock. Die kupfernen Trommeln waren etwas kleiner als die der Infanterie. Das Regiment durfte ein Paar kupferne Pauken, die es aus Sachsen-Gotha mitgebracht hatten, führen.

1731 waren die aus Messing gefertigten Gefäße des Pallaschs versilbert. Das Degengehenk bestand aus Riemen mit weißseidener Borte mit blauen Streifen. Ab dem 1. November sollten die Pallaschgefäße nach Messing aussehen. Deshalb wurden ab dem 1. Januar 1732 292 Pallasche repariert, die Versilberung wieder entfernt und die Gefäße poliert.

Laut Befehl des Königs/Kurfürsten vom 1. Januar 1733 erfolgte die Umwandlung des Dragoner-Regiments Prinz Gotha in ein Kürassier-Regiment. Im April des gleichen Jahres wurden für die Offiziere die Kürasse mit Brust- und Rückenstücken aus Suhl in Thüringen geliefert.

Grenadiere vom Regiment Grenadiers à cheval
(Rekonstruktion)

Trompeter, Kapitän und Grenadier vom Regiment Grenadiers à cheval 1732

Janitscharen-Bataillon 1730

Die machtunterstreichende Prunk- und Glanzentfaltung des barocken Hofes stand stets im Dienst der Repräsentation. Dazu musste man den Feind, das Osmanische Reich, den man selber bekämpft hatte und weiter bekämpfen musste, nachahmen bzw. selbst darstellen. Es gehörte zum guten Ton, dass große „Herrschaften" ihren Kammermohren, Türsteher und andere Bedienstete in orientalischer Kleidung in ihrer Dienerschaft hatten. Dazu gehörte aber auch, dass die Freude an der orientalischen Pracht und der Verehrung der scheinbar unbeschränkten Macht des Sultans unter August dem Starken ihren Höhepunkt fand. Speziell in Sachsen wurde der orientalischen Pracht Bewunderung gezollt. August der Starke war auch nicht der erste, als er beim sogenannten Cartel-Rennen 1697 als türkischer Sultan inmitten seines Hofstaates auftrat. Auch schon Kurfürst Christian II. und Herzog August von Sachsen, Administrator im Stift Naumburg, taten dies bereits. Dabei waren dann Janitscharen mit großer Kapelle, türkische Reiter und andere Osmanen zu sehen. Selbstverständlich musste der Kurfürst von Sachsen und König von Polen auch seine Janitscharen haben. Deshalb wurde bereits 1699 ein rot-weiß uniformiertes Janitscharenkorps in einer Stärke von 180 Mann zur Bewachung der Lustschlösser aufgebaut. Allerdings wurde es bereits 1700 wieder aufgelöst.

1729 ließ aber der Kurfürst durch Oberst Christoph von Unruh wieder ein Janitscharenkorps in Bataillonsstärke aufstellen, welches sich aus Polen und Ungarn rekrutierte. Davon gehörten drei Offiziere sowie die 29 „Mohren" und 48 Mann des Musikkorps zum Stab. Die vier Kompanien des Bataillons bestanden jeweils aus zwei Offizieren, 110 Unteroffizieren, Paukern, Tambours und Janitscharen. Das Bataillon wurde nach türkischem Vorbild eingekleidet. Übrigens hatte auch das Königreich Polen während der Regierung Augusts des Starken zwei Fähnlein Janitscharen. Es war teils in Polen, teils in Sachsen stationiert. Während des Zeithainer Lagers 1731 wurde es in das Grenadier-Bataillon Graf Friese umgewandelt und trug eine Bekleidung nach orientalischer Machart. Deshalb wurde die Kleidung vielfach beschrieben, zum Teil aber auch von einander abweichend. Über dem zitronengelben, westenähnlichen Unterkleid wurde ein meer-/papageigrünes Oberkleid getragen, welches bis auf die Knöchel herunterhängen konnte. Die rote Hose war sehr weit und steckte in weißen Strümpfen und diese in gelben, geschnürten Halbstiefeln.

Patronentasche, Patronentaschen- und Pallaschriemen waren von gelbem Leder, besetzt mit weißblauen, nach anderen Beschreibungen weiß-roten Borten. Das Gehenke mit einem kurzen, 81 cm langen Pallasch wurde über der rechten, der Patronentaschenriemen über der linken Schulter getragen. Im Leibgurt staken Spaten, Beile, Hammer und andere Werkzeuge. Die hohe und auch breite Mütze (darunter die normale Grenadiermütze) hing hinten bis zur Schulter herunter und zeigte unten einen gelben, fünfzackigen Stern. Vorne befand sich in der Mitte eine sich nach unten verjüngende Tülle aus versilbertem Messingblech mit einer Rippenmusterung, oben mit dem überkrönten „AR". Oben stak darin eine lange rote Feder, die hinten bis auf den Rücken herunterhing. Unteroffiziere trugen einen hohen, konischen Helm aus Messingblech, der ebenfalls die oben beschriebene Tülle aufwies.

Die Musiker waren in gleicher Weise bekleidet, jedoch teilweise in anderen Farbzusammenstellungen.

Die Offiziere waren in Atlasseide gekleidet. Ihr Oberkleid hatte keine Ärmel und war mit Hermelinfell ausgeschlagen. Als Kopfbedeckung trugen sie einen weißen Turban. Ihre Stiefelabsätze zeigten das Rot des europäischen Adels.

Kapitän der Janitscharen und Bundschuhträger des (polnischen) Königs 1732

Janitschar und Musiker des Janitscharen-Bataillons 1730
Grenadier des aus dem Janitscharen-Bataillon gebildeten Grenadier-Bataillons Graf Friese 1731

Infanterie-Regimenter

1730 bestanden in der kursächsischen Armee zwölf Regimenter Infanterie, einschließlich der Regimenter Grenadier-Garde sowie 1. und 2. Garde. Bis zum 1. Juli 1732 hatte jedes dieser Regimenter einen Stab und zwei Bataillone zu je vier Kompanien mit insgesamt 1 441 Mann. Zum Stab gehörten acht Offiziere, ein Feldscher, acht Hoboisten und ein Profos mit Knecht, für die Grenadier-Kompanie vier Offiziere und vier Querpfeifer. Jede der acht Kompanien hatte fünf Offiziere, 13 Unteroffiziere, einschließlich Feldscher und Grenadierkorporal, drei Tambours und 150 Mann, zusammen 171 Mann. Die nur bei Bedarf zusammengezogene Grenadier-Kompanie formierte sich dann aus dem Stab und den von den acht Kompanien abgegebenen vier Offizieren, acht Korporalen, vier Querpfeifern und 128 Gemeinen. Dazu kamen einige Zimmerleute, sodass diese Kompanie insgesamt 148 Mann zählte.

Ab 1. Juli 1732 wurden die Regimenter, ausgenommen die Grenadier-Garde, umstrukturiert. Aus Abgaben der bestehenden Infanterie-Regimenter wurden weitere vier Kompanien gebildet. Durch Einstellung zusätzlicher Offiziere und Unteroffiziere, wurde der Personalbestand auf 1 462 Mann pro Regiment erhöht. Nun bestand das Regiment aus dem Stab und zwei Bataillonen zu je sechs Kompanien. Der Stab hatte jetzt sechs Offiziere, einen Stabsfeldscher, einen Geistlichen und 13 Mann Unterstab, zusammen 21 Mann. Die Kompanie bestand nun aus vier Offizieren, zehn Unteroffizieren, einschließlich eines Grenadierkorporals und eines Feldschers, zwei Tambours und 104 Mann, zusammen 120 Mann.

Trommelblech einer kursächsischen Marschtrommel.
Durchmesser: 170 mm
Masse: 210 g
(Foto: Manfred Ebert / anamedia Werbedesign)

Infanterie 1730

Regiment	Rock	Weste	Dublüre	Knöpfe
Grenadier-Garde	zitronengelb	rot	rot	Messing
1. Garde	paille	rot	rot	Zinn
2. Garde	paille	rot	rot	Zinn
Kronprinz	rot	zitronengelb	zitronengelb	Zinn
Sachsen-Weißenfels	rot	gelb	gelb	Zinn
Sachsen-Gotha	rot	blau	blau	Messing
Sachsen-Weimar	rot	grün	grün	Messing
Löwendahl	rot	bleu mourant	bleu mourant	Messing
Marché	rot	weiß	weiß	Messing
Böhnen/Haxthausen	rot	paille	paille	Zinn
Wilcke	rot	zimtbraun	zimtbraun	Messing
du Caila	rot	papageigrün	papageigrün	Zinn
Gren.-Frei-Kompanien	paille	rot	rot	Zinn

Der Rock der Infanterie, gleich ob Grenadier oder Musketier, hatte den gleichen Schnitt wie der der Kürassiere, Dragoner oder Artillerie. Sie waren bei allen Unteroffizieren und Mannschaften gleich. Die Knöpfe saßen auf den Rabatten 2:2:2, rechts darunter drei, links drei Knopflöcher. Auf der Uniform der Leutnants und Kapitäne waren die Knöpfe ebenso, bei Stabsoffizieren gleichweit gesetzt. J. Eichhorn stellt dies auch auf den langen, bis zum Rocksaum heruntergezogenen Rabatten für einen Stabsoffizier vom Regiment Böhnen dar. Diese langen Rabatten werden ebenso bei einem weiteren Stabsoffizier vom Regiment Löwendahl (von H. Knötel) sowie für einen Kapitän vom Regiment du Caila (von R. Knötel) gezeigt. Boltze zeigt diese langen Rabatten (sicher nach J. Eichhorn) sogar auf dem Rock eines Leutnants vom Regiment Marché mit dem vorgeschriebenen Knopfbesatz 2:2:2.

Bei allen Infanterie-Regimentern, einschließlich den Garde-Regimentern, hatten die Röcke aller Dienstgrade keinen Kragen.

1730 trugen nur die Grenadier-Garde sowie die 1. und 2. Garde Tuchhosen in der roten Dublürenfarbe, alle anderen Infanterie-Regimenter hatten Lederhosen. Nur den Offizieren war zur großen Uniform die farbige Tuchhose vorgeschrieben. Zur Ordinärmontur trugen aber auch sie noch Hosen aus Leder.

Nach Befehl vom 29. September 1729 sollte die Infanterie Tuchhosen in Dublürenfarbe erhalten. Anscheinend trugen 1730 nur die Grenadier-Garde sowie die 1. und 2. Garde die roten Tuchhosen. Alle anderen hatten die, als zweite Garnitur vorgesehene, Lederhose aufzutragen.

Musketier vom Infanterie-Regiment du Caila
Musketier-Gefreiter vom Infanterie-Regiment Wilcke
Grenadier-Sergeant vom Infanterie-Regiment Löwendahl

Grenadier vom Infanterie-Regiment Marché (1732 Diefenbach)
Zimmermann vom Infanterie-Regiment Böhnen (ab Mai 1730 Haxthausen)
Grenadier vom Infanterie-Regiment Sachsen-Gotha

Musketier-Korporal vom Infanterie-Regiment Kronprinz
Leutnant vom Infanterie-Regiment Marché
Grenadier vom Infanterie-Regiment Graf Friese mit Ordinär-Grenadiermütze von 1732

Tambour und Hoboist (Fagottist) vom Infanterie-Regiment Löwendahl
Grenadier-Tambour vom Infanterie-Regiment Sachsen-Gotha

Offiziere der Infanterie

1 a Kapitän des 1. oder 2. Regiments Garde
1 b Stabsoffizier des Regiments Grenadier-Garde
1 c Leutnant des Regiments Marché

2 a

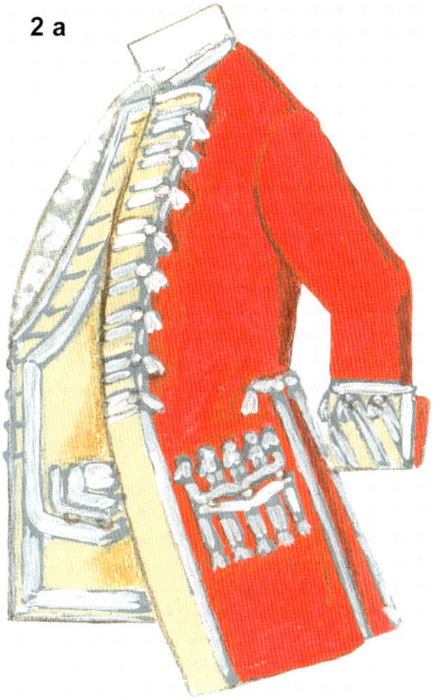

2 b

2 c

Offiziere der Infanterie

2 a Stabsoffizier des Regiments Kronprinz
2 b Leutnant des Regiments Kronprinz
2 c Stabsoffizier des Regiments Löwendahl

1 a

1 b

1 c

Offiziere der Infanterie

1 a Leutnant des Grenadier-Regiments Sachsen-Weimar
1 b Kapitän des Grenadier-Regiments Sachsen-Weimar
1 c Stabsoffizier des Grenadier-Regiments Sachsen-Weimar

2 a

2 b

2 c

Offiziere der Infanterie

2 a Kapitän des Regiments du Caila
2 b Ordinärmontur eines Offiziers vom Regiment Wilcke
2 c Stabsoffizier (Oberst) des Regiments Sachsen-Gotha

1 a

1 b

1 c

1 d

Unteroffiziere der Infanterie und der Artillerie

1 a Korporal der Artillerie 1730
1 b Korporal des Infanterie-Regiments Kronprinz
1 c Sergeant der Artillerie 1732
1 d Sergeant des Infanterie-Regiments Kronprinz

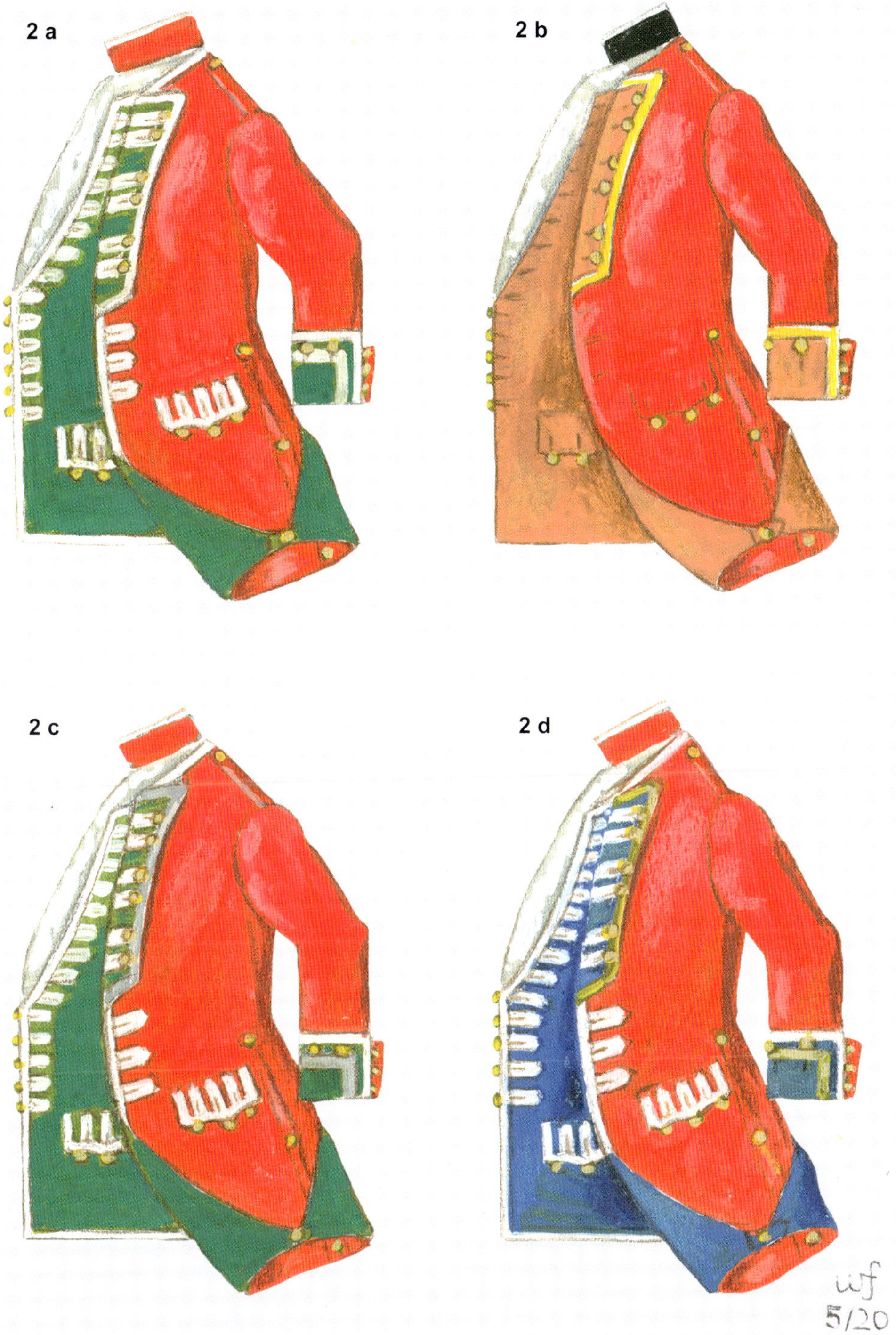

Unteroffiziere der Infanterie und der Artillerie

2 a Korporal des Grenadier-Regiments Sachsen-Weimar
2 b Korporal des Infanterie-Regiments Wilcke
2 c Sergeant des Grenadier-Regiments Sachsen-Weimar
2 d Sergeant des Infanterie-Regiments Sachsen-Gotha

Grenadier-Regiment Sachsen-Weimar

Das 1729 errichtete Lustschlösser-Bataillon wurde zur Dresdner Garnison bestimmt. Im Frühjahr stieß auch noch ein vom Herzog von Sachsen-Weimar errichtetes Grenadier-Bataillon hinzu. Es wurde nach seinem Kommandeur „Weimar-O'Dempsie-Bataillon" genannt. Diese beiden Bataillone bildeten ein Grenadier-Regiment. Nach dem Zeithainer Lager (1.–25. Juni 1730) stieß noch eine vom Fürsten zu Schwarzburg-Rudolstadt aufgestellte Grenadier-Frei-Kompanie sowie eine Kompanie des Janitscharen-Bataillons hinzu. Das ursprüngliche Weimarer Bataillon wurde 1732 zurückgegeben und durch ein neuformiertes ersetzt. Die übriggebliebenen Teile wurden nach dem Tod Augusts des Starken 1733 in ein Musketier-Regiment umgebildet.

Chef des Regiments war ab 1729 der kommandierende General August Graf von Wackerbarth, 1730 folgte Erbprinz Johann Wilhelm von Sachsen-Weimar, der Kommandeur 1730 war Oberstleutnant von Adelepsen.

Das Regiment gliederte sich in einen 27 Mann umfassenden Stab und zwei Bataillone zu je vier Kompanien mit 1 360 Mann sowie 48 Überkomplette, insgesamt 1 435 Mann.

Ein Problem bereitet die Uniform des Regiments Sachsen-Weimar. Das Regiment hatte als einziges ein gelbmetallenes Vollblech für die Grenadiermützen. 1730–1732 waren die Knöpfe gelbmetallen, die Gamaschenknöpfe jedoch weißmetallen. Nach dem Weimarer Eichhorn-Manuskript waren die Tressen der Offiziere silbern, die Borten der Mannschaften weiß. Im Kon.A sind auch die Tressen der Offiziere golden (Kon.B zeigt dagegen Knöpfe golden und Tressen silbern). Boltze stellt aber bei Offizieren sowohl auf einer Tafel, als auch im „Skizzenbuch" die Knöpfe und Tressen sowie das Mützenblech in Silber dar. Auch auf einer fünfteiligen Boltze-Serie sind beim Regiment Sachsen-Weimar Knöpfe und Tressen der Offiziere silbern. Hier bietet anscheinend eine Disposition des Grafen Wackerbarth (seit 1730 Generalfeldmarschall) an den General der Kavallerie Wolf Graf von Baudissin die Lösung. Der General war Chef des Regiments Carabiniers-Garde und kommandierender General des Zweiten Generalates, dem auch das Regiment Sachsen-Weimar unterstand. Die Disposition vom 15. Dezember 1732 betraf die für 1733 bevorstehende Leibesmontierung.

Darin heißt es: *„Die Offizier-Monturen sollen mit Silber eingefasst, die Westen nur gerade besetzt und nicht auf Schleifen Art sein, auch das ganze Regiment künftig Silber statt Gold haben."* Quelle: Landeshauptarchiv Dresden, Locat 10.998

Kapitän und Grenadier (mit Grenadiermütze) und
Tambour (mit Hut) vom Grenadier-Regiment Sachsen-Weimar

Grenadier-Frei-Kompanien

Am Zeithainer Lager von 1730 waren drei kursächsische Grenadier-Frei-Kompanien beteiligt. Die Frei-Kompanie Königlicher Prinz, auch als Hubertusburger Frei-Kompanie bekannt, wurde 1729 zur Bewachung des Schlosses Hubertusburg aufgestellt. Die Führung dieser Kompanie erhielt Graf Alexander Joseph Sulkowski. Dieser hatte am 12. November 1729 das Hauptmann-Patent erhalten. Im September 1730 wurde er mit Patent vom 30. Mai 1730 zum kommandierenden Oberst des Regiments Königlicher Prinz ernannt. Die Frei-Kompanie Sorau-Promnitz war 1718 errichtet worden, die Frei-Kompanie Schwarzburg-Rudolstadt 1730. Diese drei Frei-Kompanien bildeten im Zeithainer Lager ein Bataillon und nahmen am 1. Juni 1730 an der Generalmusterung und der anschließenden großen Parade teil. Nach Beendigung des Lagers ging die Kompanie Königlicher Prinz wieder nach Hubertusburg, die Kompanie Sorau-Promnitz nach Sorau. Die Kompanie Schwarzburg-Rudolstadt wurde in das Regiment Sachsen-Weimar eingegliedert. Am Feldlager bei Czerniaków 1732 beteiligte sich nur die Frei-Kompanie Sorau-Promnitz. Eine weitere Frei-Kompanie, die Kompanie Anhalt-Köthen, gehörte 1731/32 ebenfalls zur kursächsischen Armee, wurde aber bereits 1732 wieder zurückgegeben.

Der Etat jeder Kompanie betrug insgesamt 160 Mann: vier Offiziere, vier Sergeanten, vier Korporale, ein Fourier, ein Feldscher, vier Tambours, vier Pfeifer, 132 Grenadiere und ein Steckenknecht. Während der Dauer des Zeithainer Lagers hatte jede Grenadier-Frei-Kompanie zusätzlich noch acht Bockpfeifer.

Die Uniform der Grenadier-Frei-Kompanien sollten sich nach den beiden Regimentern 1. und 2. Garde richten, also auch aus einen paillefarbene Rock mit roter Weste und Dublüren mit weißen Knöpfen bestehen. Der Unterschied zwischen den Kompanien Königlicher Prinz und Sorau-Promnitz sollte in der Bordierung der Röcke bestehen. Dies ist jedoch noch immer nicht zweifelsfrei geklärt. Für die Kompanie Schwarzburg-Rudolstadt werden gelbe Knöpfe genannt. Für die Frei-Kompanie Anhalt-Köthen war anscheinend die Montur wie die der Kompanie Königlicher Prinz vorgesehen. Doch in dem, in den 80erJahren verschwundenen Kon.AM muss sich auch eine Farbtafel mit der Darstellung eines blauen Rockes mit roter Dublüre und Unterkleidern sowie mit weißmetallenen Knöpfen für die Grenadier-Frei-Kompanie Anhalt-Köthen befunden haben.

Auf dem Marschplan von 1732 von Warschau zum Feldlager bei Czerniaków existiert auch noch eine sogenannte „Artillerie-Grenadier-Frey-Kompanie zu Pferde". Ihre Stärke betrug 56 Köpfe, davon je ein Kapitän, Leutnant, Kornett, Standartenträger, zwei Tambours und 50 Reiter, davon wahrscheinlich zwei Wachtmeister und eine nicht bekannte Anzahl an Korporalen. Der Offizier trug einen roten Rock mit grünen Rabatten, Auf- und Umschlägen sowie silberne Tressen, aber goldene Knöpfe und ausgestickte Knopflöcher. Die Weste war ebenfalls rot mit silberner Tresseneinfassung.

Die Standarte hatte auf der einen Seite rotes, auf der anderen grünes Tuch mit dem polnischen weißen Adler und war mit goldenen Fransen eingefasst. Banderolen und Spitze waren ebenfalls golden.

Schabracke und Schabrunken sowie auch die Mantelrolle waren rot, erstere mit weißen Borten, bei den Offizieren aber mit silbernen Tressen eingefasst.

Grenadier-Frei-Kompanien Königlicher Prinz, Schwarzburg-Rudolstadt und Sorau-Promnitz
Grenadier, Leutnant und Bockpfeifer

Rittmeister vom Kürassier-Regiment Polenz
Kürassier vom Kürassier-Regiment Kronprinz im Lederkoller

KAVALLERIE

Kürassier-Regimenter

1730 existierten in der kursächsischen Armee die Kürassier-Regimenter Kronprinz (oder auch Königlicher Prinz), Prinz Friedrich August, Polenz und Criegern.

Ein sächsisches Kürassier-Regiment hatte 1730 insgesamt 580 Mann. Es bestand aus einem Stab von zehn Mann (je ein Oberst, Oberstleutnant, Major, Regimentsquartiermeister und Adjutant sowie Auditeur, Regimentsfeldscher, Pauker, Profos und Knecht) und je drei Eskadrons zu je zwei Kompanien. Jede der sechs Kompanien hatte fünf Offiziere (Rittmeister bzw. Stabsrittmeister, Premier- und Sous-lieutenant und Kornett) sowie neun Unteroffiziere (zwei Wachtmeister, ein Standartenjunker, ein Fourier, ein Feldscher und vier Korporale) zwei Trompeter und 80 Kürassiere. Die Carabiniers-Kompanie hatte eine Stärke von 71 Mann, die Mitgliedern der sechs bestehenden Kompanien zusammengestellt wurde. Sie bestand aus drei Offizieren, zwei Trompetern sowie von jeder Kompanie einen Korporal und neun Kürassieren.

Am 20. Oktober 1731 wurde von Oberst Christoph Ernst von Nassau ein Kürassier-Regiment errichtet, dem am 20. August 1732 ein weiteres, durch Oberst Graf Balthasar Friedrich Promnitz aufgestelltes, folgte. Ein drittes neues Regiment wurde am 20. August 1732 durch Oberst Adam Friedrich von Brand aufgestellt. Diese Aufstellung wurde größtenteils durch Abgaben der bereits bestehenden Regimenter aber hauptsächlich durch die Auflösung der Carabiniers-Kompanien möglich. Dadurch sank der Soll-Bestand der anderen Regimenter auf nur noch 481 Mann pro Regiment. Statt 80 Kürassiere pro Kompanie hatten sie jetzt nur noch 60, dafür hatten sie aber zusätzlich einen Feldprediger. Von den sechs Rittmeistern im Regiment waren jetzt zwei Stabsrittmeister.

Kürassier-Regimenter 1730–1732

Regiment	Rock	Weste	Dublüre	Knöpfe	Hose
Kronprinz	rot	blau, 1732 dunkelblau	blau	Messing	Leder
Prinz Friedrich August	rot	paille	paille	Messing	Leder
Polenz	rot	zimtbraun	zimtbraun	Messing	Leder
Criegern	rot	zitronengelb	zitronengelb	Messing	Leder
Nassau	rot	paille	paille	Messing	Leder
Graf Promnitz	rot	bleu mourant	bleu mourant	Messing	Leder
Brand	rot	weiß	weiß	Messing	Leder

1730 trugen die kursächsischen Kürassiere den roten Rock mit einem kleinen, liegenden Kragen. Kragen, Rabatten, Auf- und Umschläge waren in der Dublürenfarbe des Regiments. Der Offiziersrock hatte auch an der Ordinärmontur einen Kragen. Dagegen hatte der Rock der Trompeter, Pauker und Musiker keinen. Die gelbmetallenen Knöpfe saßen auf den Rabatten 2:2:2, darunter rechts drei Knöpfe, links Knopflöcher. Auf den Rabatten der Stabsoffiziere saßen die sechs Knöpfe im gleichen Abstand. Der Rock der Ordinärmontur für Subalternoffiziere und Rittmeister hatte Rabatten mit Knopfbesatz wie üblich auf Rabatten 2:2:2. Für Stabsoffiziere war der Rock ohne Rabatten, dafür mit zehn Knöpfen vorn 2:2:2:2:2 und ohne weiteren Besatz. Dazu wurde eine Tuchweste in Dublürenfarbe getragen. Diese war zur Parade und ähnlichen Anlässen mit gleichem Tressenbesatz versehen wie auch für die Offiziere der Infanterie, der Artillerie und des Ingenieurkorps, mit Ausnahme der Offiziere der Garde-Formationen und auch der Artillerie-Frei-Kompanie zu Pferd. Bei förmlichen Anlässen trugen die Offiziere Hosen in der Dublürenfarbe ihres Regiments.

Beim Regiment Kronprinz hatte das ganze Regiment Kolletts aus Elchleder mit weißen, blaudurchzogenen Borten, Offiziere noch zusätzlich mit Goldtressen. Bei den anderen Kürassier-Regimentern waren die ledernen Kolletts, falls noch vorhanden, ohne Bortenbesatz. Falls die Carabinier-Kompanie der anderen Regimenter noch lederne Kolletts trug, waren diese mit roten Borten besetzt. J. Eichhorn schloss nicht aus, dass die Kolletts bzw. paille Westen von Unteroffizieren und Mannschaften vorn dubliert waren bzw. einige Regimenter noch alte Lederkolletts auftrugen. Die Lederkolletts der Offiziere waren am Halsausschnitt, auf der Vorderseite entlang und an den Umschlägen mit Goldtresse besetzt. Die hohen Aufschläge waren oben und unten, an der Hinterkante und unter den Knöpfen senkrecht mit einer Goldtresse besetzt.

Der Kürass bestand für Unteroffiziere und Mannschaften nur aus dem geschwärzten Bruststück mit verzinnten Nieten für Mannschaften, für Unteroffiziere mit solchen aus Messing, für Offiziere natürlich vergoldeten. Das Futter an den Kürassrändern war dublürenfarben. Subalternoffiziere und Kapitäne trugen auf dem Kürass vorne das vergoldete gekrönte Monogramm „AR" und Stabsoffiziere das gekrönte kursächsische Wappen (gespalten von Kur- und Rautenkranzwappen). Der erhaltene Kürass des Generalmajors Graf Georg Friedrich von Gfug (von 1730) trägt auf ornamental eingefasstem, vergoldetem Schild das gekrönte „AR". Für Offiziere wurde das Tragen des Kürassrückenstückes erst ab 1732 üblich.

Trompeter und Pauker der Kürassier-Regimenter trugen an den betressten Vorderkanten des Rockes zehn weiße (zweimal dublürenfarben durchzogene) Knopflochlitzen, ebenso drei Knopflochlitzen auf den bordierten Taschenklappen. Die Unterkante des Rockes war genauso bordiert wie die Rückennähte und die sogenannten Trompeterflügel, das Ärmelloch und die Ärmelnähte, zwischen diesen Nähten waren die sechs schräg gesetzten Borten (ohne Andeutung eines Schwalbennestes!). Auch die beiden Knöpfe auf der Taille am Rücken saßen auf kurzen Knopflochlitzen. Das Kon.A zeigt beim Trompeter des Regiments Polenz am Aufschlag goldene Unteroffizierstressen. Die Trompeten waren aus Messing, deren Kordonschnüre weiß-rot.

Keinen Kürass trugen: Regimentsquartiermeister, Adjutanten, Auditeure, Regimentsfeldscher, Pauker, Trompeter, Feldscher, Profose und Knechte.

Schabracken und Schabrunken waren von rotem Grundtuch, eingefasst mit gelber Borte, welche zweimal dublürenfarben durchzogen war (bei den Regimentern Prinz Friedrich, Criegern und Nassau ist dies aber fraglich, wegen der Dublürenfarben Paille und Zitronengelb). Auf den Schabrunken befand sich oben die Krone und unten das Monogramm „AR", auf den hinteren abgerundeten Ecken der Schabracken war das überkrönte „AR" ebenfalls eingestickt. Diese Decken sollten Ende 1731 beim Regiment Nassau paillefarben, doch dann 1732 (bei Czerniaków) ebenfalls rot gewesen sein (der Kürass des Regiments war auch rot gefüttert). Die hinter dem Sattel aufgeschnallte Mantelrolle zeigte die rote Mantelfarbe und dessen dublürenfarbenen Kragen. Bei Offizieren hatte die Unterkante der Schabrunken und die rechtwinklige Hinterkante der Schabracke eine schmale Goldtresseneinfassung und einen verschlungenen Goldtressenbesatz in zwei Breiten, ohne dem sonst üblichen Monogramm „AR".

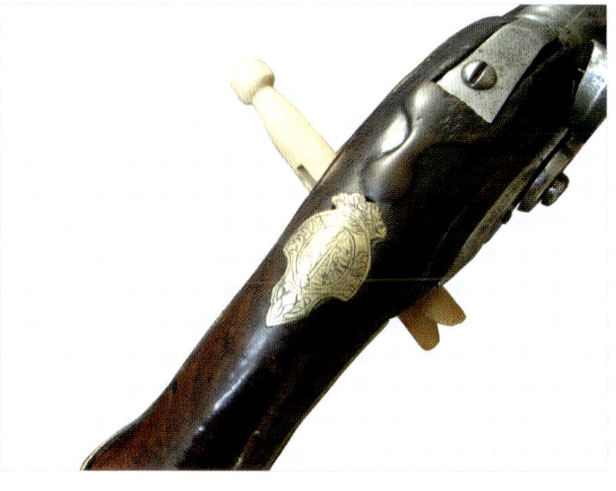

Kürassierpistole, Kursachsen um 1730.
Gesamtlänge: 531 mm
Lauflänge: 362 mm
Kaliber: 18,3 mm
Masse: 1315 g
(Foto: Manfred Ebert / anamedia Werbedesign)

Kürassierpistole, Kursachsen um 1745.
Gesamtlänge: 550 mm
Lauflänge: 371 mm
Kaliber: 19,3 mm
Masse: 1430 g
(Foto: Manfred Ebert / anamedia Werbedesign)

Dragoner-Regimenter

1730 hatte die kursächsische Armee vier Dragoner-Regimenter – das ehemalige Dragoner-Regiment Graf Baudissin war 1730 zum Regiment Carabiniers und schließlich zum Regiment Carabiniers-Garde geworden. Es gab also die Dragoner-Regimenter Goldacker, Katte, Arnstädt und Chevalier de Saxe. Ein Dragoner-Regiment besaß einen Stab von 16 Mann, bestehend aus sechs Offizieren, je einen Regimentsfeldscher und Pauker und sechs Hautboisten (Hoboisten) sowie einen Profos mit Knecht, dazu kamen drei Eskadrons zu je zwei Kompanien. Jede der sechs Kompanien bestand aus 95 Mann mit vier Offizieren, neun Unteroffizieren, zwei Tambours und 80 Dragonern. Die Gesamtstärke betrug 1730 also 586 Mann je Dragoner-Regiment. Aus dem Bestand dieser Regimenter wurden 1730 jeweils drei Offiziere, sechs Korporale, zwei Tambours und 60 Dragoner, insgesamt 71 Mann, zur Bildung einer Grenadier-Kompanie abkommandiert. Diese Grenadier-Kompanie wurde 1732 etatmäßig, aber nur für kurze Zeit. 1732 hatte das Regiment einen Gesamtbestand von 469 Mann. Der Stab hatte jetzt 19 Mann mit sechs Offizieren und je einen Regimentsfeldscher, Prediger, Pauker und acht Hoboisten sowie einen Profos mit Knecht. Jede der sechs Kompanien bestand nur noch aus 75 Mann (vier Offiziere, neun Unteroffiziere, zwei Tambours und 60 Dragoner). 1730 entstand dann durch weitere Abgaben der vier Dragoner-Regimenter und Auflösung der Grenadier-Kompanien das Kürassier-Regiment Brand.

Dragoner-Regimenter 1730–1732

Regiment	Rock	Weste	Dublüre	Knöpfe	Hose
Goldacker	rot	paille	grasgrün	Zinn	Leder
Katte	rot	paille	papageigrün	Zinn	Leder
Arnstädt	rot	paille	dunkelblau	Zinn	Leder
Chevalier de Saxe	rot	paille	bleu mourant	Zinn	Leder

Der rote Rock der vier Dragoner-Regimenter unterschied sich eigentlich nur durch den weißmetallenen Knopfbesatz von dem der Kürassiere, die gelbmetallene Knöpfe hatten. Die Anordnung der Knöpfe war bei den Kürassieren und Dragonern gleich – 2:2:2 (und rechts drei darunter). Der Tressenbesatz des Hutes war – wie sollte es anders sein – silbern. Auch die Schabracken und Schabrunken der Dragoner glichen denen der Kürassiere, bis auf die weiße Einfassungsborte mit dem dublürenfarbenen Durchzug. Wenn beide, Dragoner und Kürassiere den Rock anlegten, dann waren sie eigentlich nur zu unterscheiden, wenn die Kürassiere den Kürass trugen und auf schwereren Pferden saßen. Die paillefarbene Weste der Dragoner hatte ebenfalls senkrecht gesetzte Taschenpatten mit drei Knöpfen. Für Offiziere war diese paille Weste an den Kanten mit einer silbernen Tresse besetzt, ebenso auch die senkrechten Taschenpatten. Zur Gala- oder großen Montur wurden die dublürenfarbenen Westen getragen und dann von den Offizieren auch dublürenfarbene Hosen. Dragoneroffiziere trugen kleine liegende Kragen am Rock, aber keine Rabatten. An der Vorderkante des Rockes der Ordinärmontur saßen die Knöpfe 2:2:2:2:2. Zur Ordinärmontur für Offiziere gehörten anscheinend auch Schabracken und Schabrunken im Schnitt derer für Unteroffiziere und Mannschaften, aber mit schmaler Silbertresseneinfassung und darüber einer breiten Silbertresse sowie das überkrönte Monogramm „AR". Es gab aber auch eine Ausführung der Schabracke und Schabrunken, die der der Kürassieroffiziere glich. Diese waren natürlich silbern und ebenfalls in zwei verschiedenen Breiten, zwar ähnlich gelegt, aber doch etwas anders.

Der Rock der Pauker, Hoboisten und Tambours hatte weder Kragen noch Rabatten, aber ausgebildete Schwalbennester, einen Tressenbesatz an der Vorderkante und den Rückennähten, sechs Chevrons zwischen den Tressen an den Ärmelnähten sowie doppelte Tresseneinfassung der Aufschläge, außerdem eingefasste Taschenpatten mit drei Knopflochlitzen, zehn Knopflochlitzen an der betressten Vorderkante sowie Trompeterflügel (nicht bei den Tambours!) mit Tressenbesatz. Die dublürenfarbene Weste hatte ebenfalls einen Besatz der Kanten und Taschenpatten. Bei den Tambours war der Besatz von weißer Borte. Die Rockvorderkante war nicht eingefasst, ebenso wenig die Taschen (diese hatten aber drei Knopflochlitzen).

1730 führte jedes Dragoner-Regiment ein Paar kupferne Pauken mit versilbertem Wappen. Die Behänge waren von der Dublürenfarbe des Regiments. Die zwölf Trommeln jedes Regiments waren ebenfalls aus Kupfer und trugen versilberte Wappen.

Offiziere und Unteroffiziere führten Gewehre mit Bajonett.

Stabsoffiziere vom Dragoner-Regiment Chevalier de Saxe und vom Kürassier-Regiment Kronprinz

Stabsoffizier vom Dragoner-Regiment Arnstädt und
Grenadier zu Pferd vom Dragoner-Regiment Chevalier de Saxe

Trompeter vom Kürassier-Regiment Polenz (1728/29 Hackeborn)
Dragoner vom Dragoner-Regiment Chevalier de Saxe (1718–1728 Klingenberg)
Dragoner vom Dragoner-Regiment Arnstädt

Musiker vom Dragoner-Regiment Chevalier de Saxe
Trompeter vom Dragoner-Regiment Arnstädt

Die Herausbildung von Eliteformationen am französischen Beispiel

Die leichte Reiterei führte im 17. Jahrhundert nur Faustrohre mit Radschlössern als Feuerwaffe. Doch deren geringe Wirkung war Veranlassung genug, die Rohre zu verlängern. Dadurch entstand eine Art von kurzem, leichten Reitergewehr, das man 1589 im französischen Heer „carabine“ nannte. Diese Art des Gewehres war leichter und kürzer als die übliche Luntenschlossmuskete der Infanterie. Deshalb war sie für Reiterei und Artillerie besser geeignet. Die mit Karabinern ausgerüstete Reiterei wurde auch bald als Carabiniers bezeichnet. Im 18. Jahrhundert nahmen dann diese Carabiniers, die mit Blankwaffen, Pistole und Karabiner ausgestattet waren, als Eliten eine Mittelstellung zwischen Kürassieren und Dragonern ein. Auch die ehemals Granaten schleudernden Grenadiere wurden in dieser Zeit zu Kerntruppen der Infanterie. Es entstanden gleichzeitig die ersten selbständigen Grenadier-Kompanien, -Bataillone und -Regimenter, die ebenfalls als Elitetruppen galten. Auch bei den Dragonern erschienen die ersten Eliten. Ausgangspunkt dieser Entwicklung war in der zweiten Hälfte des 17. Jahrhunderts die damalige erste Militärmacht des Kontinents – das Reich des Sonnenkönigs.

König Ludwig XIV. begann 1676, von jeder Brigade des berittenen Teiles seiner Haustruppen (Maison militaire du roi de France) einige Männer mit Karabinern ausrüsten zu lassen. Durch Königliche Ordonnanz vom 26. Dezember 1679 wurde nun angeordnet, dass dem Vorbild folgend überall im Heer die besten Schützen ausgewählt wurden. So entstand ein spezielles Korps in jedem Regiment. Im Feldzug von 1690 hatte dann jedes Kavallerie-Regiment eine komplette Carabiniers-Kompanie an der Spitze, ebenso wie die Grenadier-Kompanie die Spitze der französischen Infanterie bildete.

1693 wurden die so allmählich entstandenen 100 Kompanien der Carabiniers nicht zusammengezogen, um ein Korps unter dem Namen „Régiment Royal Carabiniers“ zu bilden. Stattdessen wurden sie in fünf Brigaden eingeteilt, die jeweils einen eigenen Stab mit einem „Mestre de camp“, einem Oberstleutnant und einem Major hatten. Die Brigaden trugen den Namen des kommandierenden Mestre de camp und wurden getrennt auf den verschiedenen Kriegsschauplätzen dieser Zeit, auf denen französische Soldaten kämpften, eingesetzt.

Zum Vergleich: Bildung von Eliteformationen in Russland

Zar Peter I. befahl am 8. November 1699 die Aufstellung einer Armee nach westlichem Vorbild. Die neuaufgestellten Truppen wurden Ende Januar 1700 in der Nähe Moskaus, bei Preobraschenskoje, zusammengezogen. Unter diesen befanden sich auch zwei Dragoner-Regimenter. Nach der desaströsen Schlacht bei Narwa (20. November 1700) wurden schnellstens zehn neue Dragoner-Regimenter in Moskau aufgestellt und zwei weitere in Nowgorod – und weitere sollten folgen. Die Höchstzahl von 34 Regimentern der Dragoner und drei Regimentern Grenadiere zu Pferd wurde zum Ende der schwedischen Invasion 1709 erreicht. Auf dem Papier sollte ein Regiment Dragoner eine Gesamtzahl von 1 230 Mann haben, was jedoch nie erreicht wurde. 1705 erhielt jedes Regiment der Dragoner eine Kompanie Grenadiere zu Pferd in einer Stärke von 100 Mann. Ab 1708 wurden die Grenadier-Kompanien von den Dragoner-Regimentern abgezogen und daraus wieder drei Regimenter Grenadiere zu Pferd formiert, die eine Stärke von jeweils zehn bis zwölf Kompanien hatten. Mit dem Erlass vom 10. März 1708 wurde angeordnet, dass nun jedes Linien-Regiment der Dragoner und der Grenadiere zu Pferd sowie der Infanterie den Namen seines Obersten führen sollte. Nach 1708 behielten nur das Regiment der Leibdragoner sowie die Dragoner-Regimenter Astrachan und Ingermanland ihre Eskadron Grenadiere zu Pferd.

Um 1745 bildeten die Grenadiere zu Pferd jeweils zwei der zwölf Kompanien der Dragoner-Regimenter. 1756 wurden die Regimenter Rjasan, Kargopol, Narwa, St. Petersburg, Astrachan und Riga umgebildet zu Regimentern der Grenadiere zu Pferd.

Aufgrund der Größe des Territoriums, der Entfernungen und des Terrains bestand der Hauptteil der russischen Kavallerie aus Dragonern und Grenadieren zu Pferd (wozu dann später noch Husaren und Kosaken kamen).

Zum Vergleich: Bildung von Eliteformationen in den Ländern der Habsburger

Kaiser Karl VI. reorganisierte 1711 seine Reiterei. Die kaiserliche Armee hatte in der Zeit des Spanischen Erbfolgekrieges (1701–1714) 20 Kürassier-, elf Dragoner- und fünf Husaren-Regimenter. Die Kürassier-Regimenter hatten jeweils zwölf sogenannte Ordinär- und eine Elite- (Carabinier-) kompanie. Die Ordinär-Kompanie sollte 70 bis 80 Mann, die Elite-Kompanie 94 Mann zählen. Tatsächlich aber war ein Kürassier-Regiment gewöhnlich nur 850 Pferde stark. Je zwei Ordinär-Kompanien wurden zu einer Eskadron zusammengezogen. Dagegen blieben die Carabinier-Kompanien der Kürassiere und die Grenadier-Kompanien der Dragoner (bereits seit 1702 bestehend) innerhalb ihres Regiments selbständig. Doch die Elitekompanien mehrerer Regimenter wurden häufig zu besonderen Korps vereinigt. Der Etat einer solchen Kompanie betrug jeweils einen Rittmeister bzw. Kapitän, einen Premierleutnant, einen Sous-lieutenant, einen Wachtmeister, vier Korporale und etwa 80 Gemeine.

Während Kürassiere (auch Carabiniers) und Dragoner den Hut trugen, hatten die Grenadiere zu Pferd die Pelzmütze mit einem Beutel in Abzeichenfarbe, meist vorn mit einer metallenen Frontplatte. Wahrscheinlich trugen auch die Carabiniers den Kürass. Die Kürassiere trugen als Blankwaffe den Pallasch. Ein Pallasch hatte ein Säbelgefäß und eine lange einschneidige Klinge. Carabiniers und auch Grenadiere zu Pferd führten aber den Säbel mit dem üblichen Säbelgriff und der gekrümmten Säbelklinge. Die Carabiniers führten einen etwas längeren Karabiner. Als Fußbekleidung trugen die Grenadiere zu Pferd leichte Stiefel oder auch (lederne?) Gamaschen. Die Elitekompanien mehrerer Regimenter trugen keinen Kürass.

Der Korb der Offiziersseitenwaffe war golden oder silbern, je nach Knopffarbe. Für Unteroffiziere war er aus Messing, für Mannschaften aus Eisen. Die Scheidenbeschläge waren meistens gelbmetallen, nur bei den Kürassier-Regimentern Brettlach und Erzherzog Leopold sowie den Dragoner-Regimentern Kolowrat und Savoyen eisern (bei letzterem ab 1736 geschwärzt). Erst seit 1748 musste im Regiment Gleichheit herrschen und die Gefäße der Seitenwaffen im Regiment gelb- oder weißmetallen sein. Das Gefäß des Offiziersdegens bzw. -pallaschs zeigte nicht das Wappen oder Initialen des Regimentsinhabers. Möglich war der doppelköpfige Reichsadler mit oder ohne österreichischem Bindeschild auf der Brust (evtl. auch von Armaturen umrahmt). Bei den Offizierswaffen – aber auch schon bei denen der Unteroffiziere – gab es auch ein gemuscheltes Gefäß, oft auch mit einem Löwenkopf als Griffkopf.

Dragoner-Regimenter hatten um 1715 zwölf Kompanien in sechs Eskadrons, dazu eine Kompanie Grenadiere zu Pferd bei einem Sollbestand von 1 101 Mann. 1748 war dieser Bestand, wegen des Österreichischen Erbfolgekrieges, auf 817 Mann je Dragoner-Regiment gesunken. Bei Ausbruch des Siebenjährigen Krieges 1756 stieg er wieder auf 1 014 Mann. Im September 1768 wurden zwei Carabinier-Regimenter aus den 14 Elitekompanien der Kürassier- und Dragoner-Regimenter errichtet. Jede dieser Kompanien hatte jeweils einen Rittmeister bzw. Kapitän, Oberleutnant, Unterleutnant, Fourier, Feldscher, Musiker, Sattler, Schmied, Wachtmeister, vier Korporale und 85 Gemeine. Ab 1769 verfügten weder Kürassier- noch Dragoner-Regimenter über Elitekompanien.

Handgranate der kursächsischen Armee, 18. Jahrhundert.
Masse: 1180 g
Durchmesser: 80 mm
Wandstärke: ca. 14 mm
Zündlochdurchmesser: ca. 28 mm
(Foto: Manfred Ebert / anamedia Werbedesign)

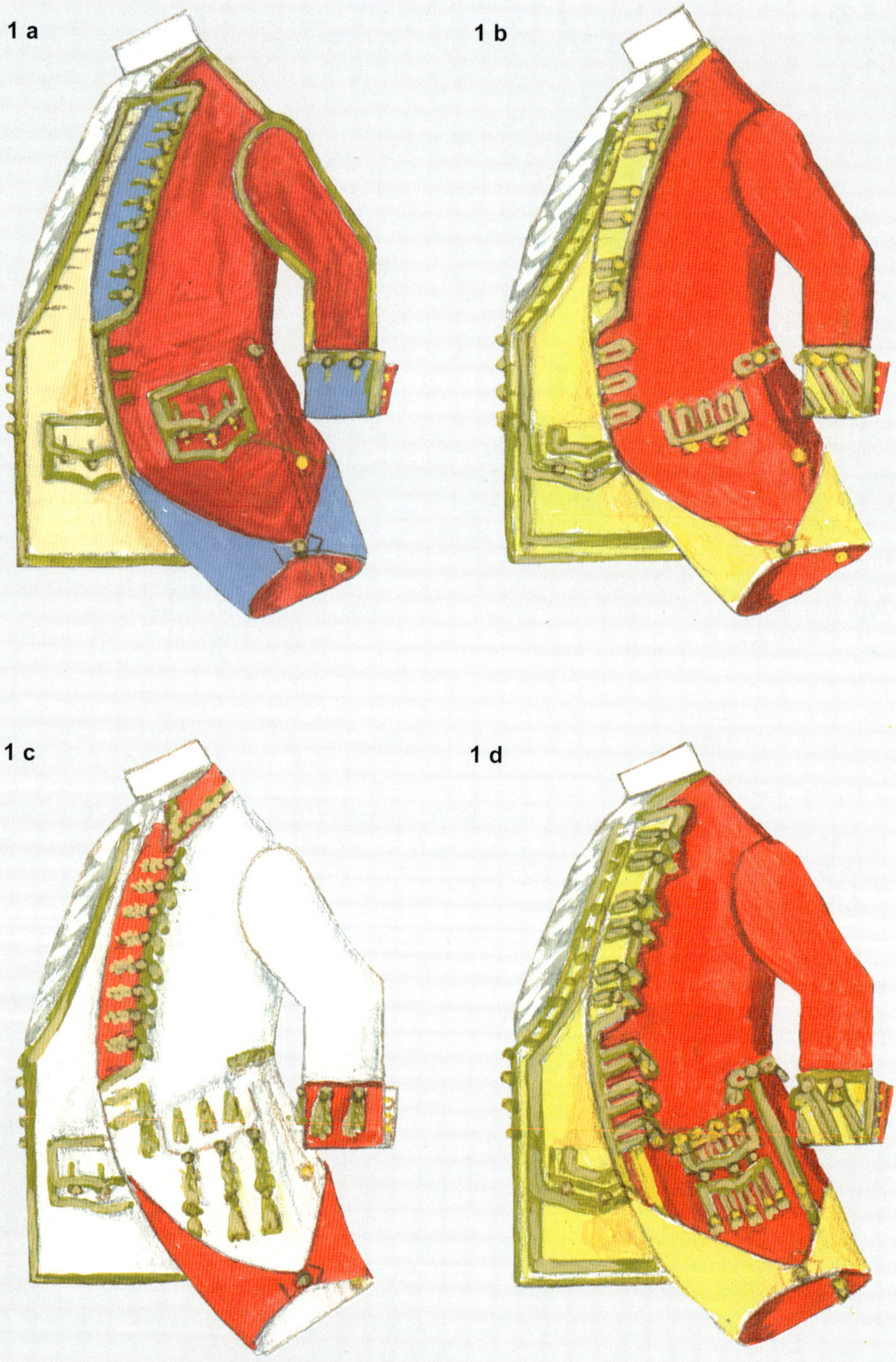

Offiziere der Kavallerie

1 a Leutnant des Regiments Garde du Corps
1 b Rittmeister des Kürassier-Regiments Criegern
1 c Stabsoffizier des Regiments Carabiniers-Garde
1 d Stabsoffizier des Kürassier-Regiments Criegern

2 a

2 b

2 c

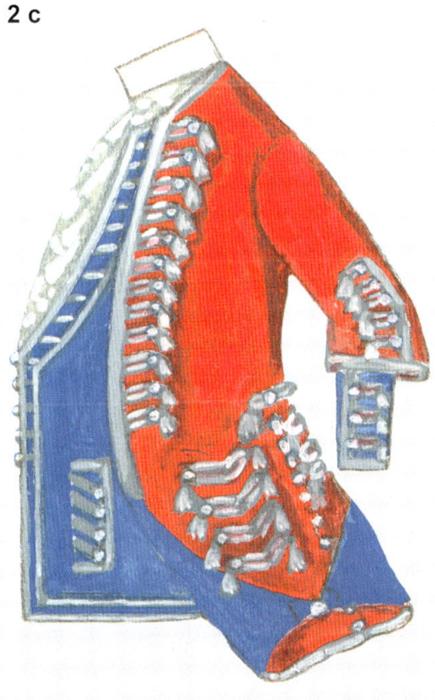

2 d

Offiziere der Kavallerie

2 a Rittmeister des Kürassier-Regiments Prinz Friedrich August
2 b Kapitän des Dragoner-Regiments Katte
2 c Stabsoffizier des Regiments Grenadiers à cheval
2 d Stabsoffizier des Kürassier-Regiments Kronprinz

1 a

1 b

1 c

1 d

Unteroffiziere der Kavallerie

1 a Korporal des Kürassier-Regiments Kronprinz
1 b Korporal des Kürassier-Regiments Criegern
1 c Korporal des Kürassier-Regiments Polenz
1 d Korporal des Dragoner-Regiments Chevalier de Saxe

2 a

2 b

2 c

2 d

Unteroffiziere der Kavallerie

2 a Wachtmeister des Regiments Carabiniers-Garde
2 b Sergeant des Kürassier-Regiments Criegern
2 c Wachtmeister des Regiments Grenadiers à cheval
2 d Sergeant des Dragoner-Regiments Chevalier de Saxe

1 a

1 b

2 a

2 b

3 a

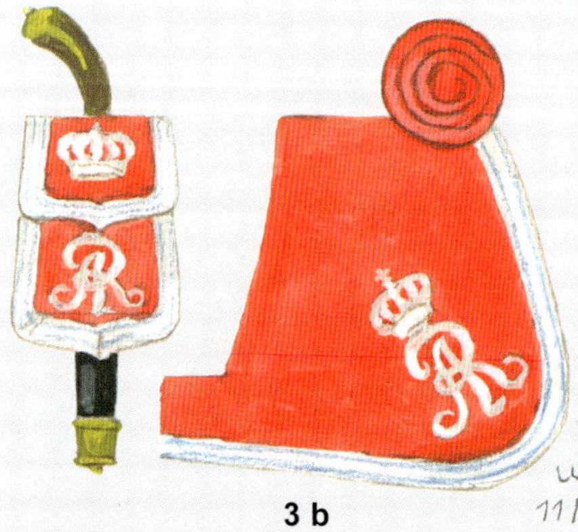

3 b

Schabracken und Schabrunken für Unteroffiziere und Mannschaften der Garde und Kavallerie-Regimenter

1 **a** für Grand-Mousquetaires
  b für Regiment Garde du Corps
2 **a** für Regiment Carabiniers-Garde (nach Kon.B)
  b für Regiment Grenadiers à cheval
3 **a** für Kürassiere, hier: Regiment Polenz
  b für Dragoner, hier: Regiment Chevalier de Saxe

1 a

1 b

2 a

2 b

3 a

3 b

Schabracken und Schabrunken für Stabsoffiziere zur Parade

1 **a** für Infanterie-Regimenter, hier: Regiment Böhnen
b Schabrunken zur Dienstuniform, hier: für Dragoner
2 **a** für Kürassier-Regimenter, auch für Stabsoffiziere der Artillerie
b für Regiment Grenadiers à cheval
3 **a** für Dragoner-Regiment Katte
b für Stabsoffiziere des Ingenieurkorps

Tambour der Grenadier-Kompanie und Pauker vom Dragoner-Regiment Goldacker 1732

ARTILLERIE, INGENIEURKORPS UND TRAIN

Im Kurfürstentum Sachsen wurde bereits im Jahr 1620 eine Artillerieformation in Kompaniestärke aufgestellt. 1689 erfolgte die Verstärkung dieses Bestandes auf Bataillonsstärke.

1728 formierte die kursächsische Artillerie, außer dem Stab, drei Kompanien Kanoniere, je eine Kompanie Mineure, Pontoniere und Handwerker sowie kleine Kommandos in einer Stärke von insgesamt 127 Mann auf den Festen Sonnenstein und Königstein, auf der Pleißenburg (Leipzig), in Wittenberg, Stolpen, Freiberg, Torgau und Senftenberg. Aus der Musterliste der Artillerie für 1730 geht hervor, dass dem Bataillonsstab der Artillerie zwei Generalmajore, fünf weitere Offiziere und 26 Mann Personal, insgesamt 33 Mann, angehörten. Jede der vier bestehenden Artilleriekompanien umfasste drei Offiziere, 16 Unteroffiziere, einen Feldscher, zwei Tambours und 36 Kanoniere. Die zur Bedeckung der Geschütze benötigten 141 Mann je Kompanie, sogenannte Artillerie-Füsiliere, bestanden aus zwei Offizieren, vier Unteroffizieren, einen Tambour, zwei Zimmerleuten und 74 Mann.

1732 trat beim Feldlager von Czerniaków noch eine weitere Neuschöpfung zum Schutz der Artillerie in Erscheinung, die Artillerie-Grenadier-Freikompanie zu Pferd. Diese bestand wahrscheinlich aus drei Offizieren, einem Standartenträger, zwei Tambours und 50 Reitern, insgesamt 56 Mann. Von den 50 Reitern waren sicherlich zwei Wachtmeister und einige Korporale.

Zur Ausbildung des Artillerie-Nachwuchses bestand eine Artillerie-Scholaren-Kompanie mit drei Offizieren, zwölf Unteroffizieren, einem Feldscher sowie vier Tambours und 150 Scholaren. Die Gesamtstärke betrug somit 170 Mann.

Die Mineur-Kompanie hatte insgesamt 33 Mann, bestehend aus drei Offizieren, sechs Unteroffizieren und 24 Mineuren.

Die sogenannte Pontonier-Kompanie bestand aus einem Kapitän, drei Unteroffizieren, einem Brückenschreiber und sechs Pontonieren.

Zum Ingenieurkorps gehörten insgesamt 44 Mann, davon ein Generalleutnant sowie 23 weitere Offiziere, 15 Ingenieure im Rang von Premier- und Sous-lieutenant sowie fünf Kondukteure im Sergeantenrang, die auf Beförderung zum Ingenieur dienten.

Von 1717 an trugen die kursächsischen Artilleristen dunkelgrüne Röcke mit rotem Kragen. Nur von 1728 bis 1730 war der Kragen paille. Weiterhin trugen sie paille Westen und Hosen, zudem graue bzw. weiße Gamaschen aus Tuch mit weißmetallenen Knöpfen. Solange die Pontoniere zur Artillerie zählten, waren deren Knöpfe ebenfalls weißmetallen.

Am 14. Januar 1730 wurde das Kriegskollegium vom König/Kurfürsten angewiesen, dass Feuerwerker, Kanoniere, Mineure und Pontoniere paille Kamisole aus Tuch erhalten sollten. Auch sollten die Artillerie und die angegliederten Formationen paille Tuchhosen erhalten. Am 1. Juni 1730 wurde die neue Uniform erstmals getragen. Diese bestand aus einem grünen Rock mit roten Aufschlägen und Unterfutter (Umschläge), einer paillen Tuchweste, einem Kollett und Hosen. Auf den Aufschlägen befanden sich je drei Knöpfe, außerdem zwei auf dem Rücken, drei unter den Rabatten, drei unter jeder Rocktasche (quergesetzt) und zwölf auf der Vorderseite der Weste (am Kollett waren diese zwölf verdeckt). Zimmerleute und Füsiliere hatten einen Knopf auf dem Achseldragoner. Weste und Kamisol hatten quergesetzte Taschen und runde Aufschläge in Dublürenfarbe. Im Jahr 1732 wurde die Farbe der Weste geändert und zwar erhielten die Kanoniere, Feuerwerker, Pioniere und Mineure eine grüne und die Artillerie-Füsiliere eine rote Weste. Feuerwerker waren Korporale im Sergeantenrang. Sie trugen daher doppelte Tressen auf den Ärmelaufschlägen.

Offiziere trugen im Dienst Schärpe und Ringkragen. Saßen sie auf dem Pferd, trugen sie ebenfalls die Schärpe unter dem Rock, aber um den Leib und nicht über der Schulter. Wenn die Leutnants der Kanoniere mit dem Degen kommandierten, trugen sie ebenfalls die Schärpe um den Leib. Nur die Leutnants der Füsiliere trugen sie von der Schulter zur Hüfte und dazu den Sponton.

Tambours und Spielleute der Artillerie und der Artillerie-Füsiliere hatten keine Rabatten am Rock, dafür aber vorne an der Rockkante neun weiße, rotdurchzogene Borten, drei Borten auf den Taschenklappen sowie eine Rosette von Borte hinten an den Taillenknöpfen. Zudem hatten sie ein Schwalbennest und Bortenbesatz an den Ärmelnähten sowie je sechs Chevrons auf dem Ärmel und eine Borteneinfassung des Aufschlages. Die Trommelreifen waren rot geschrägt.

Jeder der Unteroffiziere und Mannschaften trug am Hut und auf der Kartusche ein besonderes Abzeichen aus Messing, Feuerwerker einen Feuerballen (mehrflammige platzende Granate), die Artilleristen (Kanoniere, Korporale und Sergeanten) gekreuzte Kanonenrohre, Füsiliere gekreuzte Flinten, Pontoniere ein Schild mit Anker, Mineure ein Schild mit gesprengtem Festungswerk. Original wäre interessant.

Das Ingenieurkorps erhielt ebenfalls die Uniform der Artillerie, aber mit silbernen Knöpfen und Tressen. Nur der Chef des Ingenieurkorps, Generalleutnant Jean de Bodt, trug seinen roten Generalsrock. Dieser rote Generalsrock stand ihm auch zu, anstatt seines grünen Rocks der Artillerie.

Zum Train gehörten die sogenannten Artillerie-Rosspartei und der Kommissariatstrain. Die Knechte der Artillerie-Rosspartei trugen grüne Röcke mit roten Auf- und Umschlägen. Fahrer trugen Strümpfe und Schuhe, die Knechte dagegen Stiefel.

Kanonier vom Artillerie-Bataillon 1730
Leutnant der Artillerie-Füsiliere 1732
Pontonier der Pontonier-Kompanie 1730

General der Artillerie und Standartenträger (Sergeant) der Artillerie-Frei-Kompanie zu Pferd 1732

Grenadier und Offizier der Artillerie-Frei-Kompanie zu Pferd 1732

Kapitän und Kondukteur vom Ingenieurkorps 1732

Wagenmeister vom Kommissariatstrain und Fahrer des Artillerietrains

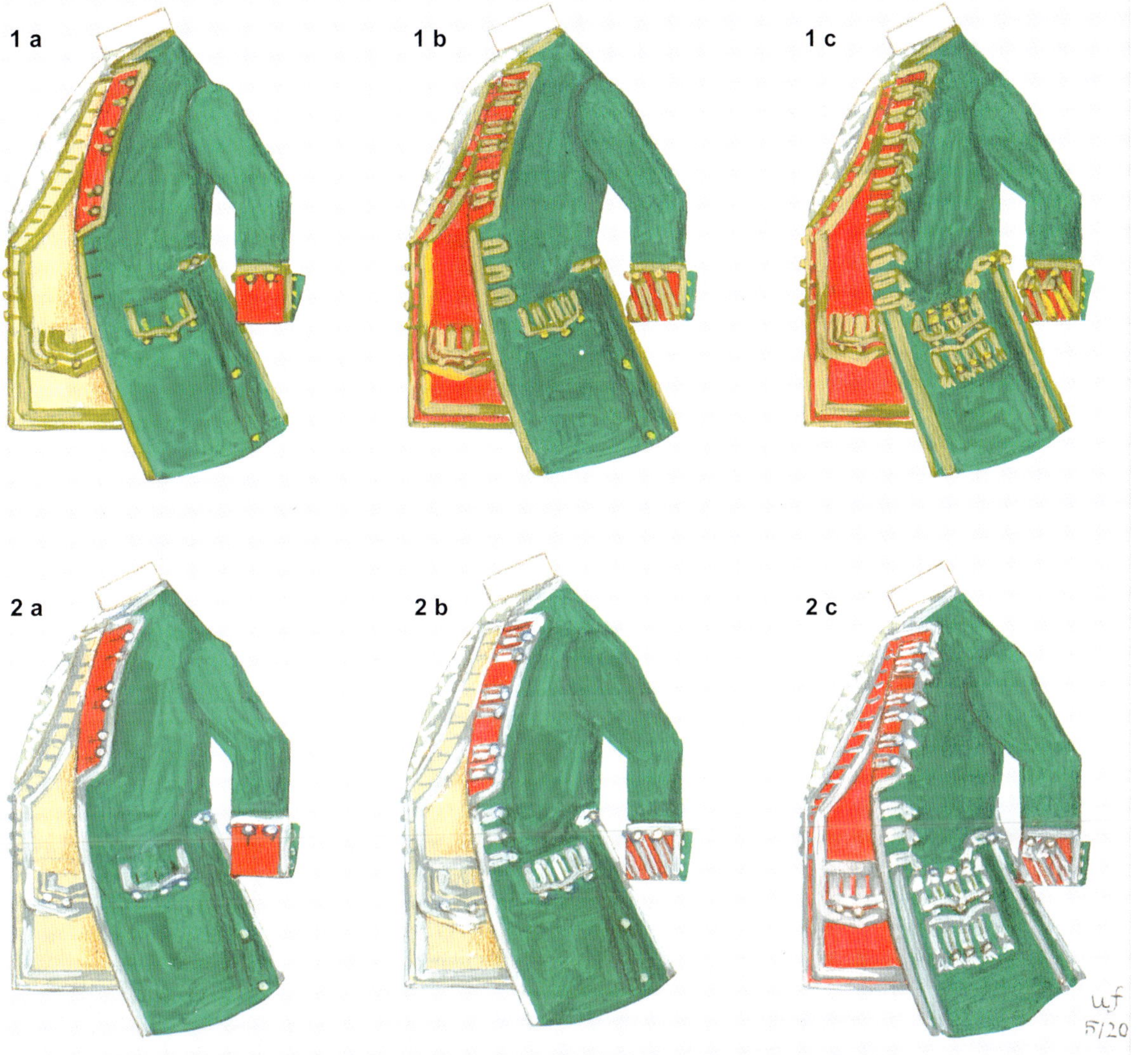

Offiziere der Artillerie und des Ingenieurkorps

Artillerie
1 a Leutnant 1730
1 b Kapitän 1732
1 c Stabsoffizier 1732

Ingenieurkorps
2 a Leutnant 1730
2 b Kapitän 1730
2 c Stabsoffizier 1732

1 a

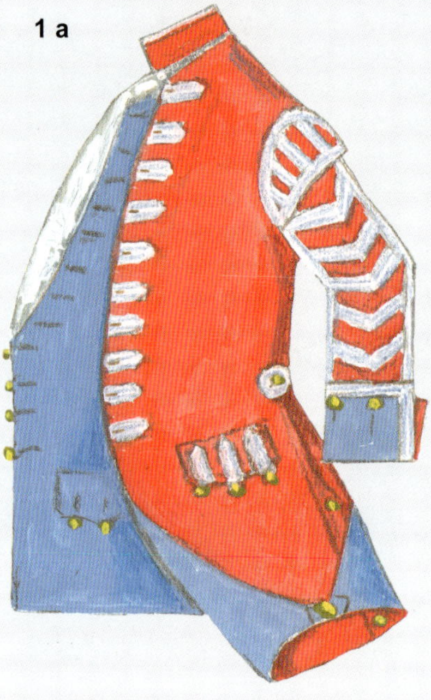

1 b

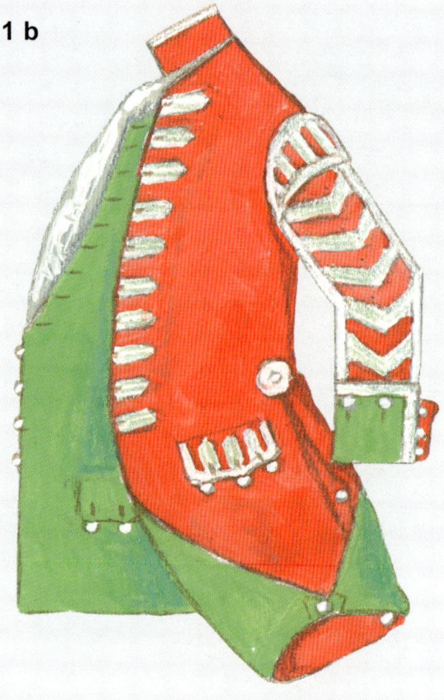

1 c

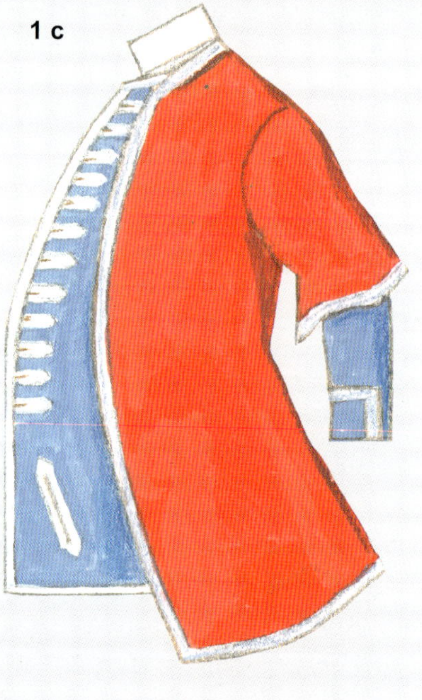

1 d

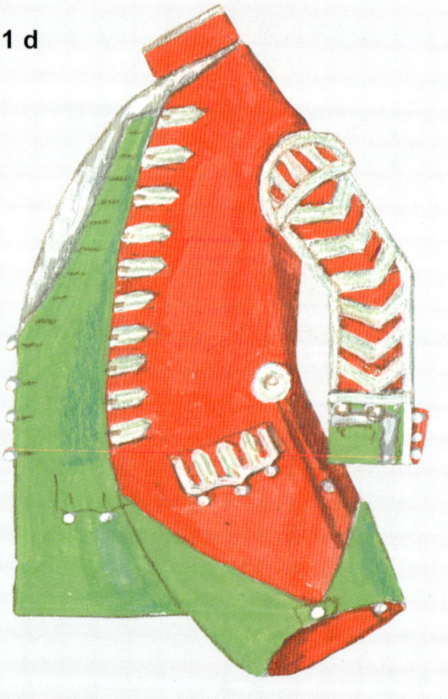

Tambours und Musiker der Infanterie

1 a Tambour des Infanterie-Regiments Löwendahl
1 b Tambour des Infanterie-Regiments du Caila
1 c Bockpfeifer des Infanterie-Regiments Löwendahl
1 d Musiker des Infanterie-Regiments du Caila

2 a

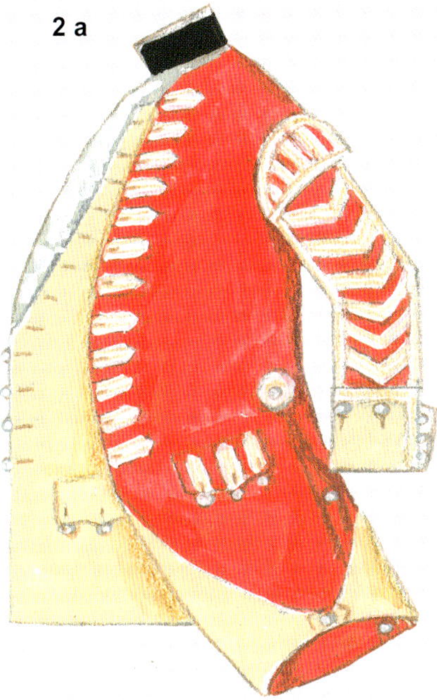

2 b

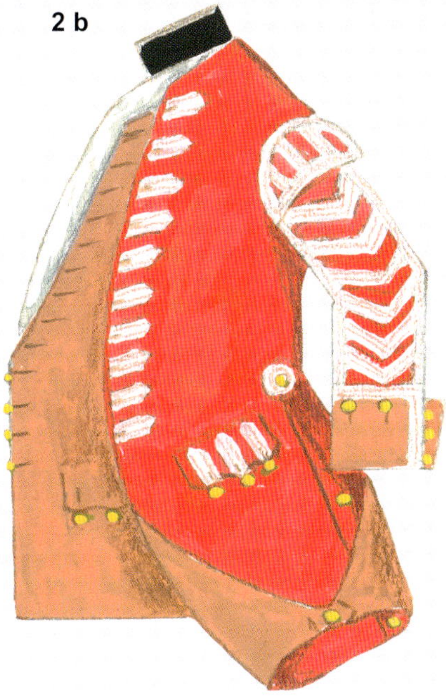

2 c

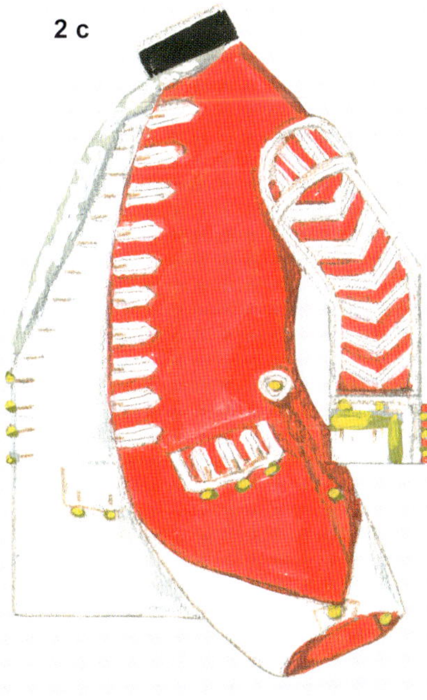

2 d

Tambours und Musiker der Infanterie

2 a Tambour des Infanterie-Regiments Böhnen/Haxthausen
2 b Tambour des Infanterie-Regiments Wilcke
2 c Tambour des Infanterie-Regiments Marché
2 d Musiker des Infanterie-Regiments Wilcke

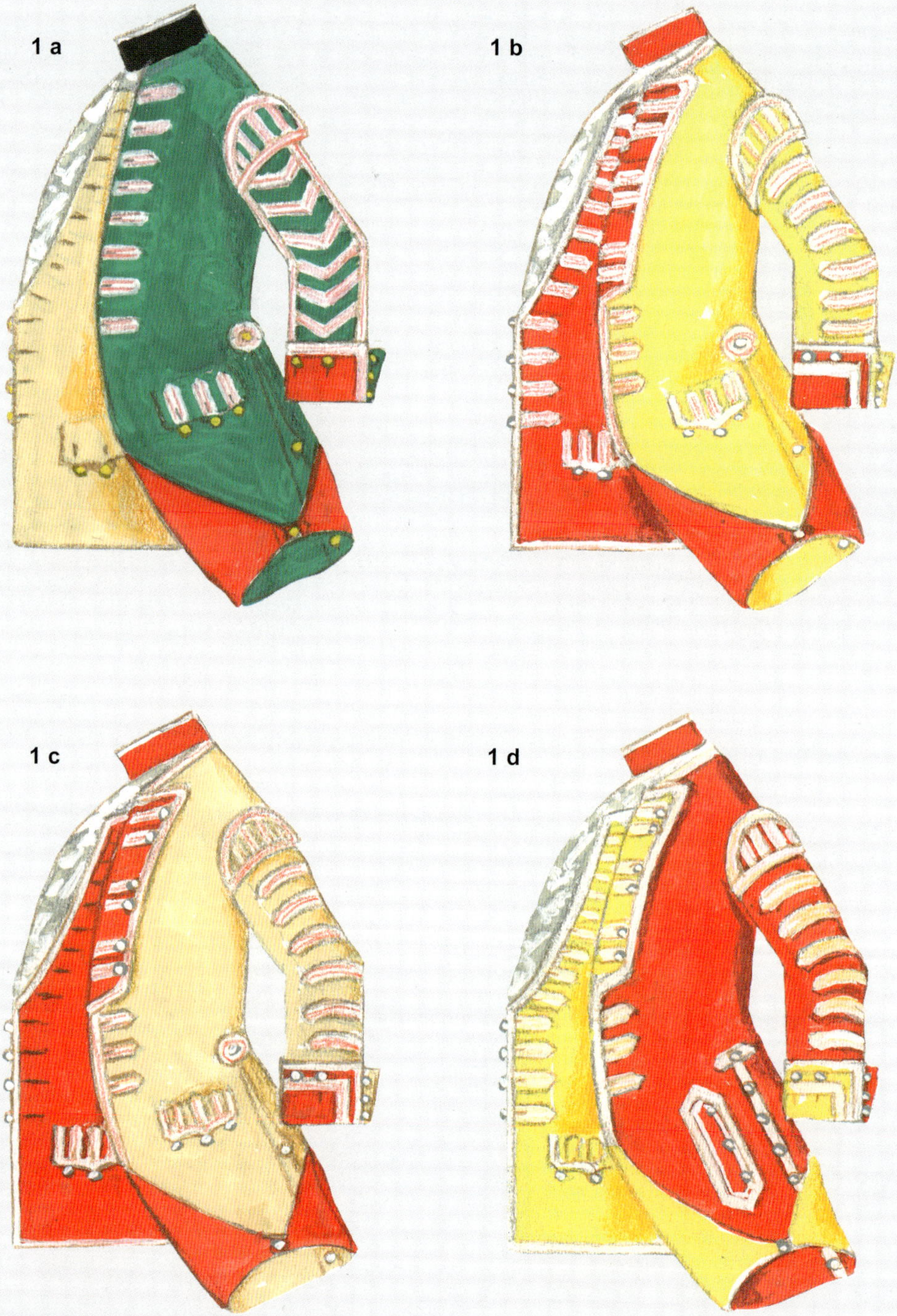

Tambours und Musiker der Infanterie und der Artillerie

1 a Tambour der Artillerie 1730
1 b Tambour der Grenadier-Garde
1 c Musiker des 1. und 2. Regiments Garde
1 d Musiker des Infanterie-Regiments Kronprinz

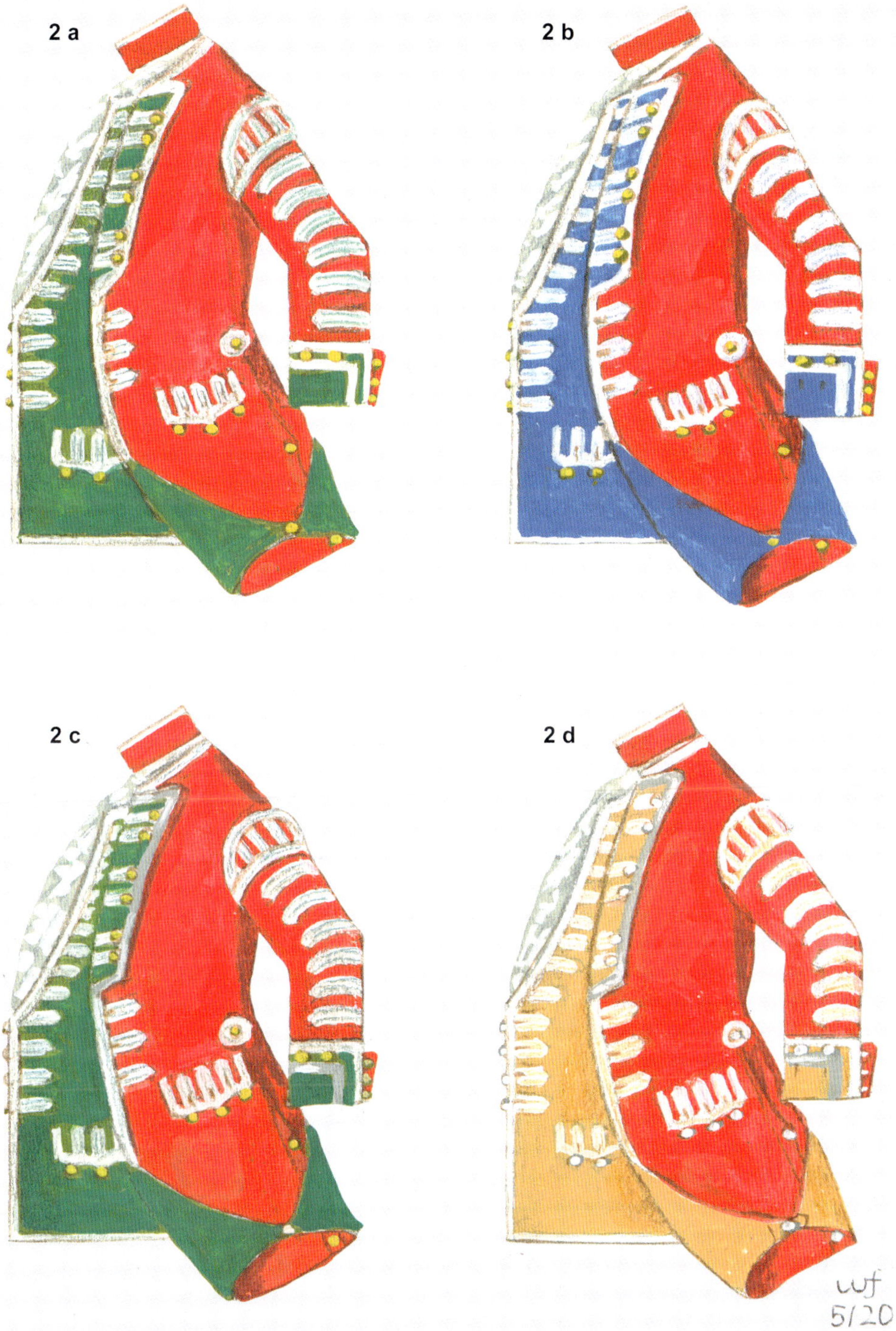

Tambours und Musiker der Infanterie und der Artillerie

2 a Tambour des Infanterie-Regiments Sachsen-Weimar
2 b Tambour des Infanterie-Regiments Sachsen-Gotha
2 c Musiker des Grenadier-Regiments Sachsen-Weimar
2 d Musiker des Infanterie-Regiments Sachsen-Weißenfels

1 a

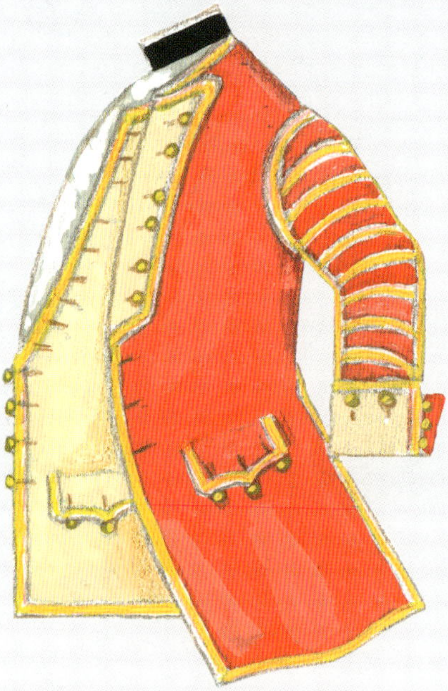

1 b

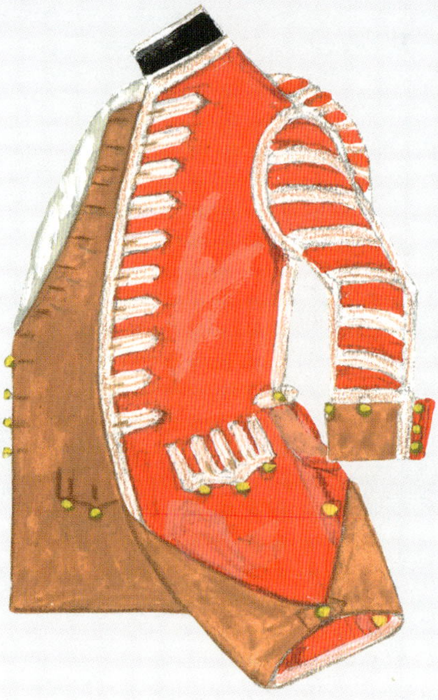

1 c

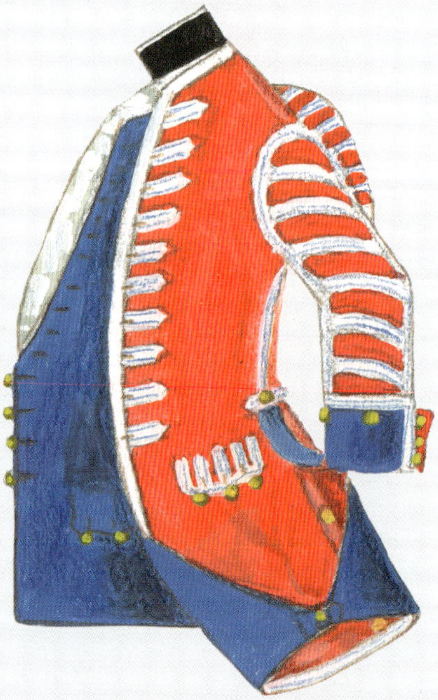

1 d

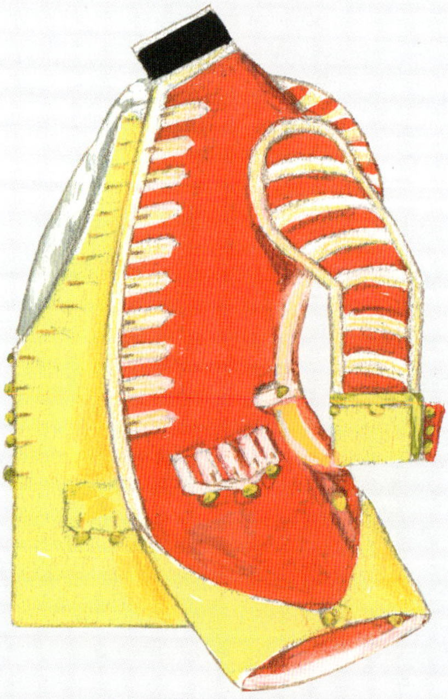

Tambours der Dragoner sowie Trompeter/Pauker und Musiker der Kavallerie

1 a Trompeter/Pauker der Carabiniers-Garde

1 b Trompeter des Kürassier-Regiments Polenz

1 c Trompeter des Kürassier-Regiments Kronprinz

1 d Trompeter des Kürassier-Regiments Criegern

2 a

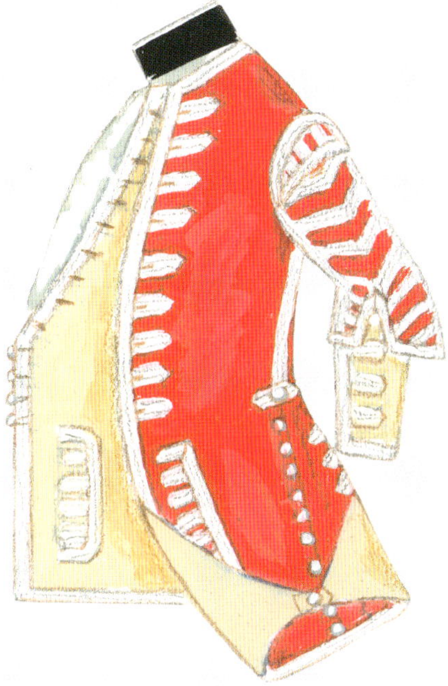

2 b

2 c

2 d

Tambours der Dragoner sowie Trompeter/Pauker und Musiker der Kavallerie

2 a Tambour des Regiments Grenadiers à cheval
2 b Tambour des Dragoner-Regiments Katte
2 c Trompeter des Regiments Grenadiers à cheval
2 d Trompeter des Dragoner-Regiments Goldacker

Ulan und Offizier der „blauen Kompanie“ der polnischen Ulanen (Rekonstruktion nach Jan Matejko)

Ulan und Offizier der „roten Kompanie“ der polnischen Ulanen (Rekonstruktion nach Jan Matejko)

Kadettenkorps

1692 errichtete Kurfürst Johann Georg IV. eine Kompanie adliger Kadetten. Der General der Infanterie (ab 1730 Feldmarschall) Graf Christian August Wackerbarth gründete und errichtete für diese Kompanie eine sogenannte Ritterakademie, die am 1. August 1731 bezogen werden konnte. Die Offiziere dieses Kadettenkorps erhielten gegenüber derer der Armee einen erhöhten Rang. Der Kapitän des Kadettenkorps und dessen Kommandant konnte ein Oberst oder General der Armee sein, der Kapitänleutnant war ein Oberstleutnant, der Premierleutnant Major, der Souslieutenant Kapitän und der Fähnrich Premierleutnant der Armee. 1730 war Baron von Rochow der Kommandant des Korps. Die eigentliche Kommandogewalt übte Kapitänleutnant Johann Christoph von Minckwitz aus. Premierleutnant war Major Otto von Sternstein.

„Die Kadetten hatten einen Etat von einem Feldwebel, einem Gefreitenkorporal oder Sergeanten und einer Anzahl an Korporalen und Gefreiten. Auf dem Etat standen bis 1810 mit dem Kapitän sechs Offiziere, außerdem fünf Lehrer für Fortifikation und Mathematik. Zivillehrer waren ebenfalls angestellt, z. B. ein Professor der Moral und der Geschichte, ein außerordentlicher Professor, zwei Hilfslehrer, zwei Sprachmeister, ein Schreibmeister, zwei Tanzmeister und ein Fechtmeister." (nach Verlohren, S. 65)

1730 hatte die Kadettenkompanie eine Stärke von 158 Mann. Ihre Uniform bestand aus einem scharlachroten Rock mit weißer Dublüre und Weste, Knöpfen aus Zinn und weißen Hosen oder auch Lederhosen. Am Rock waren die Rabatten, Aufschläge und Taschenklappen nicht mit Borte eingefasst. Auf den Rabatten saßen 2:2:2 gesetzte Knopflochlitzen, darunter drei weitere, drei auch auf den Taschenklappen sowie auch solche senkrecht auf den Aufschlägen. Auf dem Offiziersrock waren die Knopflochlitzen silbern. Mit Silbertresse war auch Halsausschnitt, Rockvorderkante, Rabatten- und Aufschlagkanten besetzt, die Weste war nach Art der Offizierswesten gestaltet. Die Kadettenoffiziere besaßen ebenfalls eine Ordinärmontur.

Offizier des Kadettenkorps in Ordinärmontur, Kadett und Kadettenoffizier in Dienstuniform

Invalidenkorps

Im Jahr 1726 wurde geplant, ein aus Ganz- und Halbinvaliden bestehendes Invalidenkorps zu errichten. Dessen Aufgabe sollte es sein, befestigte Plätze und Garnisonen zu bewachen und zu schützen, gleichzeitig aber auch langgediente, verwundete und invalide Offiziere, Unteroffiziere und Mannschaften zu versorgen. Als Leutnants dienten oft verdienstvolle, langgediente Unteroffiziere. Das 1727 aufgestellte Korps wurde von einem Generalleutnant, einem Generalmajor und zwei Obersten kommandiert. Es hatte einen Stab von 21 Mann und eine Stärke von zwei Bataillonen mit anfangs vier Kompanien zu je 166 Mann, davon jeweils 32 Unteroffiziere. Bereits 1728 hatten die Bataillone anstelle von vier nun sechs Kompanien. Der Regimentsstab bestand aus sieben Mann, die erste bis sechste Kompanie hatte je 116, die siebte bis zwölfte je 111 Mann. Der Bestand verringerte sich nach und nach durch Abgänge, sodass 1730 insgesamt nur noch sechs Kompanien vorhanden waren.

Anfangs standen die Halbinvaliden als Besatzung in Wittenberg, auf der Festung Königstein, auf dem Sonnenstein (Pirna), auf der Pleißenburg (Leipzig), in Stolpen, Meißen, Waldheim, Zeitz, Weida, Eisleben und Wermsdorf.

Es wurde der allgemein übliche rote Rock getragen, mit blauer Weste und Dublüre sowie Knöpfen aus Messing.

Sergeant, Offizier in Dienstuniform und Invalide vom Invalidenkorps

Volontairs – Angehörige des Adels in ihren roten, reichverzierten Röcken als freiwillige Befehlsüberbringer und in anderen Funktionen bei Feldzügen um 1730

FELDZEICHEN

Fahnen

Wenn man gelegentlich einmal die in Warschau befindlichen Gemälde von J.S. Mock vom „Feldlager in Czerniaków 1732“ oder Abbildungen davon zu Gesicht bekommt, dann fallen bestimmt die monströsen Fahnen ins Auge. Man könnte sie, ihrer Größe wegen, für übertrieben halten. Aber das sind sie nicht. J. Eichhorn hatte einmal die Gelegenheit, kursächsische Fahnen dieser Zeit zu vermessen. Es war eine Fahne der 2. Garde, eine des Grenadier-Regiments Sachsen-Weimar und eine der Frei-Kompanie Anhalt-Köthen. Sie hatten eine Tuchhöhe von 1,86 m und eine Breite von 2,40 m. Die Stange (mit Spitze?) war 4,04 m und die Spitze allein schon 24 cm lang. Die Schienen hatten eine Länge von 20 cm, der Fahnenschuh von 28 cm. Im Vergleich zu den Fahnen anderer deutscher Staaten dieser Zeit war dies ungewöhnlich groß. So war z. B. das Fahnentuch der preußischen Infanterie von 1753 ca. 1,40 m im Quadrat und die Stange etwa 3 m lang. Erst zur Neuverleihung von 1753 wurden die kursächsischen Fahnen etwas kleiner. Das Infanterie-Regiment Prinz Friedrich August hatte nun eine Fahne mit einer Tuchhöhe von 1,57 m und eine Breite von 1,84 m, die Spitze war 26 cm, die Schienen 22 cm und der Schuh 29 cm lang.

Im Mai 1730 wurden zur Vorbereitung des Zeithainer Lagers neue Fahnen übergeben. So erhielt die Henneberger Landmiliz drei orangefarbene, das Artillerie-Bataillon vier ponceaurote und die Halbinvaliden-Kompanien vier alte blaue Fahnen. 1731 bekam das Grenadier-Bataillon Graf Friese vier neue Fahnen, das Dragoner-Regiment Chevalier de Saxe zwei bleu mourant-farbene, das Grenadier-Regiment Sachsen-Weimar acht grüne Fahnen und die Grenadier-Frei-Kompanie Anhalt-Köthen eine paillefarbene Fahne. 1732 erhielt das Kürassier-Regiment Graf Promnitz statt der bisher hochroten Dublüre am Rock bleu mourante, damit diese mit der Standartenfahne übereinstimmten.

Die durchbrochene Spitze der Infanteriefahnen zeigte 1730 die gekrönten Initialen und war golden oder silbern je nach Knopffarbe des Regiments. Auch die Farbe der Nagelköpfe auf den Schienen und der rotgestrichenen Stange richtete sich danach. Die Farbe des Tuches der Ordinärfahnen zeigte die Dublürenfarbe des Regiments. Eine Ausnahme bildeten die Regimenter 1. und 2. Garde, deren Fahnen ein weißes Grundtuch erhielten. Eine weitere Ausnahme war das Regiment Marché. Statt Fahnen in der weißen Dublürenfarbe, erhielt das Regiment solche aus cremefarbenem Tuch.

Das am meisten abgebildete kursächsische Fahnenmodell dieser Zeit ist wohl das mit dem bleu mouranten, hermelingefütterten Wappenmantel auf dublürefarbenem Grundtuch unter der polnischen Königskrone. Der Wappenmantel trägt oben in der Mitte im blauen Schild das Monogramm „AR“, darunter das kursächsische Wappen, links das polnische und rechts das litauische. Die rote Bordüre ist außen mit glatter Kante, weiß eingefasst und innen ornamental geschwungen, ebenfalls mit weißer Einfassung. Diese Bordüre zeigt an den beiden Seiten in der Mitte eine fünfblättrige weiß-rot gefasste größere Palmette, an den waagerechten Seiten eine kleinere.

Auch die Fahnen des Grenadier-Regiments Sachsen-Weimar stellen eine Ausnahme dar. Die Leibfahne soll eine mit möglicherweise 4,04 m längere Stange gehabt haben als die der Ordinärfahnen mit 3,15 m. Sonst unterschied sie sich aber nicht von denen der anderen Regimenter. Es gab aber bei ihr, im Gegensatz zu den Fahnen der anderen kursächsischen Infanterie-Regimenter, keinen roten, an der Innenseite weiß eingefassten Kantenbesatz des Grundtuches. Gleich neben der grünen Grundtuchkante lief eine rote Einfassung, darüber nach innen ein starrer Besatz mit rechteckigen Formen und starker Betonung der Ecken. In der Mitte befanden sich auf einem weißen Postament die verschlungenen Initialen „EA“ (Ernst August) unter dem Fürstenhut. Dies alles wurde umrahmt von zwei Palmzweigen, die an den Stielen von einer Schleife zusammengehalten wurden. Beide Fahnenseiten waren gleich gestaltet.

Nach einem Eichhorn-Text befand sich ehemals eine Fahne dieses Regiments im Berliner Museum für Deutsche Geschichte. Deren rote Ornamentenkante soll beiderseits mit weißen Rundschnüren aufgenäht worden sein.

Die Fahnen und Standarten aus der Zeit des Zeithainer Lagers wurden von den kursächsischen Truppen noch längere Zeit weitergeführt. Bei den angeordneten Neubeschaffungen wurden sie im Muster im Allgemeinen nicht verändert

Standarten

Die spezielle Waffengattung der Kavallerie war im 18. Jahrhundert an der Form der Feldzeichentücher zu erkennen. Kürassiere und andere Formationen der schweren Kavallerie führten kleinere viereckige, Standarten genannte, Feldzeichen. Bei Husaren und Dragonern waren diese an der Flugseite eingeschnitten. Die Schäfte der Kürassierstandarten hatten außerdem noch die Form der ritterlichen Lanze. Die Fahnentücher der Dragoner waren dagegen an gewöhnlichen Fahnenstangen befestigt. Die sächsischen Dragoner erhielten um 1730–1732 ebenfalls ihre Feldzeichen in Standartenform an der Lanze. Diese Unterschiede waren zu dieser Zeit durchaus üblich. Auch in Preußen trennten noch 1743 die Reglements die Dragoner von der schweren Kavallerie, den Kürassieren. Im Siebenjährigen Krieg führten die Dragoner ihre Feldzeichen in Schwalbenschwanzform. Und in Frankreich wurden die Dragonerstandarten in dieser Form noch bis zur Revolution getragen, zum Teil sogar bis 1812.

Steht die Fahnen- und Standartenstange links vom Betrachter und das Tuch weht nach rechts, dann sieht dieser die Avers- oder Vorderseite (auch Innenseite genannt). Steht die Stange aber rechts und das Tuch weht nach links, dann sieht er die Revers- oder Rückseite (auch Außenseite genannt). Dagegen ist die Paradeseite die Seite der Fahne, die demjenigen zugekehrt ist, der die Parade abnimmt – wenn die Fahne hochgehalten wird und nach hinten weht und die Truppe von links kommt.

Die Leibstandarte der Kürassier-Regimenter bzw. der Dragoner-Regimenter war, wie allgemein üblich, von weißem Grundtuch, ebenso wie möglicherweise auch die der Carabiniers-Kompanien

der Kürassiere und die der Grenadier-Kompanien der Dragoner. Der lanzenähnliche Schaft der Leibstandarte war etwas länger und trug auch längere Banderolen als die sechs Kompaniestandarten. Die Maße der Kürassierstandarten und auch der um 1730–1732 eingeführten Standarten für die Dragoner betrugen 53 x 57 cm. Sie wurden an Bandelieren getragen, die mit Tressen in Knopffarbe besetzt waren. Die Schäfte der Kompaniestandarten waren dann bei Kürassieren und Dragonern lanzenförmig. Die Gestaltung der Standartentücher war bei Kürassieren und Dragonern gleich.

Für 1730 ergibt sich aus den Konvoluten B und A sowie dem „PROVIDENTIAE MEMOR“ folgendes Bild: Die Standarten der Garde du Corps und der Carabiniers-Garde zeigen auf der Aversseite unter der Königskrone das polnisch/litauische Wappen, ebenso wie die Dragonerstandarten der Regimenter Goldacker und Chevalier de Saxe. Auf der Reversseite befindet sich der Kurhut über dem Kurwappen. Für 1732 zeigen die Abbildungen für die Garde du Corps und Carabiniers-Garde auf der Aversseite unter der Königskrone das „AR“ auf einem Postament. Dasselbe befindet sich auf einer schwalbenschwanzförmigen Dragonerfahne, die für das Zeithainer Lager 1730 „zur Probe“ angefertigt worden war. Die grün und rot angestrichene Stange hatte eine Länge von 3,14 m. Das Fahnentuch aus weißem Damast war 1,70 x 0,95 m. Das Tuch trug auf der Aversseite das gekrönte polnisch/litauische Wappen, auf der Reversseite das kursächsische unter dem Kurhut – aus Seide gefertigt und aufgenäht. Die Bordüre bestand aus roter Seide. Die Ausführung des weiß gerahmten kursächsischen Wappens sowie der Palmzeige ohne Stiele entspricht jener der Standarte der Carabiniers-Garde von 1732. Auch B. Gembarzewski zeigt die Aversseite einer Dragonerstandarte. Die Höhe des Tuches ist 0,90 m, die ganze Länge 0,93 m und 0,70 m von der Stange bis zum halbrunden Einschnitt des schwalbenartig geschnittenen Tuches. Die Aversseite zeigt das überkrönte Monogramm „AR“ auf dem Postament, eingerahmt von zwei Palmenzeigen. Die Bordüre ist von der gleichen Art wie auf der vorher beschriebenen Probefahne.

Nun bringt aber auch noch J. Czop in „Barwa Wojska Rzeczypospolitej Obojga Narodów w XVIII wieku oraz Legionow Polskich 1797–1807“ eine Dragonerstandarte des polnischen Regiments „Konny Podstolego Koronnego“ mit dem gekrönten „AR“ und der gleichen Bordüre, hier aber weiß auf blauem Grund. Aber dies alles auf der Reversseite der Standarte. Könnte das eventuell bedeuten, dass beide Seiten des Standartentuches bei diesem Muster gleich sind?

Auch J.S. Mock selbst zeigt bei Czerniaków 1732 eine weiße (Leib-)Standarte mit dem gekrönten Monogramm „AR“ auf der Aversseite. Allerdings stellt er auch eine Standarte mit Kurhut und kursächsischem Wappen auf einer Aversseite dar. Da Mock Maler war, könnte es sich auch um eine künstlerische Freiheit handeln.

Feldzeichen der Infanterie

Von der (polnischen) Königskrone überhöhter Wappenmantel, großer Mittelteil des Fahnentuches. Darauf eine ungekrönte Kartusche mit den Initialen „AR“, darunter eine Kartusche mit Kur- und Rautenkranzwappen (Herzogtum Sachsen). Seitlich davon je eine Kartusche mit dem polnischen Adler sowie dem litauischen Reiter.

Links unten: (ohne Oberkante des Fahnentuchs) Fahne des Grenadier-Regiments Sachsen-Weimar
Rechts unten: (ohne Oberkante und Wappenmantel) Fahne des Infanterie-Regiments Böhnen

WF
12/21

wf
4/21

RESÜMEE

Der interessierte Leser wird bei der Lektüre festgestellt haben, dass noch viele Fragen nicht gelöst sind, ja wahrscheinlich auch nicht geklärt werden können, trotz aller Bemühungen. Es fehlt einfach an vergleichbarem Material bzw. an Unterlagen aus verschiedenen Quellen. Auch hatte Sachsen keinen Herrscher, der sich schon als Kronprinz eine Uniformsammlung zulegte, so wie es der spätere preußische König Friedrich Wilhelm III. bereits ab 1785 tat. Von dieser Sammlung gehören heute bedeutende Teile zum Militariabestand des Deutschen Historischen Museums in Berlin. Auch dürfte sich in Sachsen das Interesse am Militär in Grenzen gehalten haben. Im Kursachsen Augusts des Starken und seines Nachfolgers, des Kurfürsten Friedrich August II., wurde mehr Gewicht auf die Kunst und die Förderung der Wirtschaft und des Handels gelegt, im Gegensatz zum Preußen des Soldatenkönigs und Friedrichs des Großen. Dort kam dem Heer eine viel größere Bedeutung zu als im übrigen Europa. Während die meisten europäischen Potentaten für ihr Militär knapp die Hälfte ihrer Steuereinnahmen aufbrachten, waren es in Preußen fast 80 %. Und die vor dem Siebenjährigen Krieg erfolgte langsame Reduzierung des sächsischen Heeres, förderte auch nicht dessen Ansehen. Das sächsische Heer zählte schon damals nicht zu den Siegern der Geschichte. Darum fehlte der Anreiz mit den Ruhmestaten der sächsischen Armee zu prahlen und letztlich auch bildlich darzustellen.

Mit enormem Fleiß hatte sich Johannes Eichhorn der Dokumentation des Aussehens der sächsischen Armee gewidmet und dies auch bei der Artillerie und den technischen Formationen der Jahre 1730–1732 mustergültig getan. In dieser Ausarbeitung hat er gut herausgestellt, dass in dieser kurzen Zeit doch einige wesentliche Veränderungen in der Uniformierung eingeführt wurden. Mit ziemlicher Sicherheit sind diese Veränderungen auch bei den anderen kursächsischen Truppenteilen erfolgt. Doch die eingeführten Veränderungen konnten einfach nicht alle auf den Tafeln der abgehandelten Konvolute dargestellt werden.

So erfolgte auf einer der Tafeln der Grenadier-Garde die Angabe, dass die dargestellte Ordinärmütze am 30.4.1732 eingeführt wurde. Doch ausgerechnet das Modell wurde abgebildet, welches in der Zeit zwischen dem Tod Augusts des Starken und der Wahl seines Nachfolgers zum König von Polen (1733) getragen wurde. Und diese Grenadiermütze trug auf dem Stirnschild statt des „AR“ nun „FA“, trotzdem aber darüber die polnische Königskrone. Somit ist dies nicht der richtige Kurhut für die benannte Zwischenzeit.

Vielleicht bergen aber auch Museen in Polen noch Schätze sächsischer Uniformkunde – bei den damaligen Verbindungen von Polen und Sachsen ist das durchaus möglich. Aber auf Wunder dürfen wir dabei nicht hoffen. Denn sogar die preußische Uniformkunde der friderizianischen Zeit weist, trotz der immensen Arbeit, welche Hans Bleckwenn, Eberhard Boltze u. a. zur Aufklärung leisteten, ebenfalls noch Lücken auf. Doch diese Lücken sind eben lange nicht so groß wie die der sächsischen Uniformkunde des 18. Jahrhunderts.

Feldzeichen der Kavallerie – Mitte der Standartentücher

1730 Chevaliergarde
Reversseite: mit kursächsischem Wappen unter dem Kurhut, umrahmt von Palmzweigen
Aversseite: mit polnisch/litauischem Wappen unter der Königskrone

1732 Garde du Corps und Carabiniers-Garde
Reversseite: wie oben, aber eingefasstes Wappen und Palmzweige ohne Stiele
Aversseite: unter der Krone „AR“ auf Postament, Palmzweige mit Stielen

Mittelstück der Heerfahne der Artillerie
Reversseite: mit gekröntem Adler und kursächsischem Herzschild
Aversseite (hier nicht dargestellt)

Sponton der kursächsischen Leibgarde um 1692.
Länge des Klingenblattes: 227 mm
Breite: 99 mm
Länge der Tülle: 28 mm
Federnlänge: 331 mm
Schaftfedern vierfach zur Befestigung gelocht
(Foto: Manfred Ebert / anamedia Werbedesign)

LITERATURVERZEICHNIS

1. Bleckwenn, Hans: *Eine kursächsische Füsiliermütze*, in: Der Bote aus dem Wehrgeschichtlichen Museum, Heft 20 (Jahrgang 1987) S. 87-8-11
2. Boeheim, Wendelin: *Handbuch der Waffenkunde*, Leipzig 1890
3. Böhm, Uwe-Peter: *Die Kursächsische Armee im Zeithainer Lager von 1730*, in: von Polenz, Hans Assa und von Seydewitz, Gabriele (Hrsg.): 900 Jahre Wettin 1089–1989, Regensburg 1989, S. 105ff.
4. Boltze, Eberhard: *Abschriften aus den Müllerschen Notizbüchern*
5. Boltze, Eberhard: *Notizen aus der Eichhornschen Sammlung*
6. Boltze, Eberhard: *Sachsen-Sammlung*
7. Brzezinski, Richard / McBride, Angus: *Polish armies* 1569–1696 Teil 1, Osprey 1987
8. Brzezinski, Richard / McBride, Angus: *Polish armies* 1569–1696 Teil 2, Osprey 1987
9. Brzezinski, Richard / Vuksic, Velimir: *Polish winged hussar 1576–1775*, Osprey 1987
10. Chartrand, René: *The armies and wars of the sun king 1643–1715*. Volume 1: The guard of Louis XIV, Warwick 2019
11. Chartrand, René: *The armies and wars of the sun king 1643–1715*. Volume 3: The cavalry of Louis XIV, Warwick 2020
12. Czop, Jan: *Barwa Wojska Rzeczypospolitej Obojga Narodów w XVIII wieku oraz Legionow Polskich 1797–1807*, Rzeszów 2009
13. Ebert, Manfred (Hrsg.): *Die Kursächsische Armee um 1730 nach Zeichnungen von Johannes Eichhorn*, Halle (Saale) 2019
14. Eichhorn, Johannes: *Uniformierung der chursächsischen Armee unter August dem Starken 1730–1733*, als Manuskript gedruckt
15. Eichhorn, Johannes: *Der Zustand der Artillerie und technischen Truppen der kursächsischen Armee während und nach der Reorganisation unter August dem Starken*, als Manuskript vervielfältigt, Großenhain 1942
16. Eichhorn, Johannes: *Das Gewehrreglement der kursächsischen Leibgrenadiergarde vom Jahre 1732*, in: Zeitschrift für Heereskunde Nr. 73 (1935), S. 17f.
17. Eichhorn, Johannes: *PROVIDENTIAE MEMOR*, Dortmund 1935
18. Eichhorn, Johannes: *Aus der Fahnenkartei des Armeemuseums Dresden*
19. Ellfeld, H.G. (Bearbeiter): *Russland 1756–1763*, in: Schirmer, Friedrich: Die Heere der kriegführenden Staaten 1756–1763, II. Teil S. R1-R28
20. Fiedler, Siegfried: *Kriegswesen und Kriegführung im Zeitalter der Kabinettskriege*, Koblenz 1987
21. Förster, Gerhard / Hoch, Peter / Müller, Reinhold: *Uniformen europäischer Armeen*, Gundlach 1987
22. Friedrich, Wolfgang: *Die Uniformen der Kurfürstlich Sächsischen Armee 1683–1763*, Dresden 1998
23. Funcken, Liliane et Fred: *Les grenadiers à cheval*, in: L'Uniforme et les armes des soldats de la guerre en dentelle, Band 1, S. 28f., Castermann 1975
24. Gariboldi, Otto von: *Die Karabiniers und Grenadiere zu Pferde Österreichs*, in: Die Zinnfigur, S. 112f., 132f., 153f. (Im Rohmanuskript: Cariboldi)
25. Gembarzewski, B.: *Zolnierz Polski*. Ubiór uzbrojenie i oporządzenie od wieku II do roku 1960, t.2 (od 1697 do 1794 roku), Warszawa 1992
26. Hasse, F. und Eichhorn, Johannes: *Sächsische Uniformen*, Naundorf 1936–1942
27. Hasse-Lichtenhain, F.: *Die Uniformierung der kurfürstlich- und königlich sächsischen Armee*, in: Zeitschrift für Heereskunde Nr. 37, 38, 39, Januar, Februar, März 1932, S. 333ff.
28. Hauthal, Ferdinand: *Geschichte der sächsischen Armee in Wort und Bild*, Leipzig 1859
29. Haythornthwaite, Philip: *Die kaiserliche Armee Österreichs – Infanterie und Kavallerie 1740–1780*, Sankt Augustin 2004
30. Hilbert, Klaus / Lisewski, Eugen A. / Richmann, Lothar: *Trag' diese Wehr zu Sachsens Ehr!*, Dresden 1994
31. Hilbert, Klaus: *Blankwaffen aus drei Jahrhunderten sächsischer Waffengeschichte*, Berlin 1998
32. Hilbert, Klaus: *Nachtrag zum Buch „Blankwaffen aus drei Jahrhunderten/Zeugnisse sächsischer Waffengeschichte“*, Dresden 2001
33. Hottenroth, Johann Edmund: *Geschichte der sächsischen Fahnen und Standarten*, Dresden 1910
34. Kessler, Hans Joachim / Schulze, Dieter: *Historische Blankwaffen des 17.–19. Jahrhunderts*, Altenburg 1979

35. Knötel, Richard und Herbert (Hrsg.): *Mittheilungen zur Geschichte der militärischen Tracht Bd. I und II*, (Nachdruck), Stuttgart 1980

36. Konstam, Angus / Rickmann, David: *Die Armee Peters des Großen*, Königswinter 2010

37. Lapray, Olivier / Jouineau, André: *Carabiniers 1679–1871*, Paris 2013

38. Marx Harald: *Johann Samuel Mock – Das Campement bei Czerniaków 1732*, in: Dresdner Kunstblätter 1978 (22. Jg.) Heft 2, S. 47ff.

39. Matuszewski, Jan: *Die polnische Armee in den Jahren 1697–1763*, in: Unter einer Krone. Kunst und Kultur der sächsisch-polnischen Union, Leipzig 1997, S. 167f.

40. Müller, Reinhold / Friedrich, Doris und Wolfgang: *Die Armee Augusts des Starken – das sächsische Heer von 1730 bis 1732*, Berlin 1984

41. Müller, Reinhold / Vetters, Dieter M. / Göschel, Detlef: *Im Dienst Sachsens*, Dresden 2001

42. Nickel, Helmut: *Unter den gekreuzten Schwertern – Bemerkungen zu den Blankwaffen der kursächsischen Schweizergarde zu Dresden 1656–1814*, in: Stüber, Karl und Wetter, Hans (Hrsg.): Blankwaffen. Festschrift für Hugo Schneider zu seinem 65. Geburtstag, Stafa 1982

43. Pétard, Michel: *Le grenadier à cheval de la maison du Roi 1720*, Gazette des uniformes No. 23 (Januar/Februar) 1975

44. Pétard, Michel: *Les grenadiers à cheval de la maison du Roi 1763–1770*, TRADITION Magazine No. 81 (Octobre) 1993, S. 17ff.

45. Pétard, Michel: *Le carabiniers de M. le comte de Provence en 1762*, Figurine No.50 (Mars) 1991, S. 40ff.

46. Pétard, Michel: *LE SABRE DES CARABINIERS 1755–1770*, TRADITION Magazine No. 46 (Novembre) 1990, S. 32ff.

47. Nach einem Manuskript der Epoche (private Dokumentensammlung): *Le corps des Carabiniers de Provence en 1762*, TRADITION Magazine No. 147, S. 5ff.

48. Philipp, Albrecht: *Sulkowski und Brühl und die Entstehung des Premierministeramtes in Kursachsen*, Dresden 1920

49. Pilz, Georg: *August der Starke – Biographie*, Berlin 1986

50. Protiva, Jiři: *Palaše habsburské monarchie*, Praha 2009

51. Schnitzer, Claudia & Hölscher, Petra (Hrsg.): *Eine gute Figur machen – Kostüm und Fest am Dresdner Hof*, Kupferstich-Kabinett Staatliche Kunstsammlungen Dresden, Dresden 2000

52. Schulze, Adalbert: *Das Lager bei Zeithain im Jahre 1730*, in: Die Zinnfigur 11/79, S. 323ff.

53. Schuster, O. / Francke, F. A.: *Geschichte der Sächsischen Armee*, Erster Teil, Leipzig 1885

54. Smith, Digby: *The Empire of all the Russia*, in: Armies of the Seven Years War, Gloucestershire 2012, S. 207ff.

55. Summerfield, Stephen: *Austrian Cuirassier of the Seven Years war*, Godmanchester 2019

56. Summerfield, Stephen: *Austrian Light Cavalry and Staff 1740–1765*, Godmanchester 2021

57. Titze, J.: *Sachsen – Die Leibwachen (I) – Die Schweizer-Leibgarde 1804–1815*, No.4, Leipzig 1988

58. Verlohren, Heinrich August: *Stammregister und Chronik der Kur- und Königlichen Sächsischen Armee*, Leipzig 1910

59. Wagner, Siegbert (Hrsg.) und Schulze, A. (Gestalter): *Die Uniformen der Kursächsischen Armee von 1730–1734 unter August dem Starken*, Hannover 1978

60. Wittig, Peter: *Eberhard Boltze*. Ein Altmeister der Uniformkunde, in: Zeitschrift für Heereskunde Nr. 362/363 Juli/Oktober LVI., Jg. 1992, S. 125

61. Staatliche Kunstsammlungen Dresden / Königliches Schloß zu Warschau: *Unter einer Krone*, Kunst und Kultur der sächsisch/polnischen Union, Leipzig 1997

62. Edition Festung Königstein: *IN LAPIS REGIS – Auf dem Stein des Königs*, Königstein 2017

63. Kartenserie: *Wojsko Polskie XIII – Kampement wojsk polskich i sąskich*. Odbyty od 31 VII do 18 VII 1732 na polach Czernikowa pod Warszawą, namalowany przez Jana Christiana Mocka

64. *HEER UND TRADITION*, Die Ordenssammlung, Bearbeiter: Johannes Eichhorn
Nr. 130 Sachsen: Die Grand-Mousquetaires 1730–1735 (I. Teil)
Nr. 131 Sachsen: Die Grand-Mousquetaires 1730–1735 (II. Teil)
Nr. 161 Kur-Sachsen (Fußtrabanten): Schweizer Garde 1555–1763 (I. Teil)
Nr. 162 Kur-Sachsen (Fußtrabanten): Schweizer Garde 1555–1763 (II. Teil)

HEERE & WAFFEN

Heere & Waffen ~ Heft 21

Querengässer, Alexander & Lunyakov, Sascha

Die Armee Augusts des Starken im Nordischen Krieg

Der Große Nordische Krieg (1700–1721) zählt zu den bedeutsamsten militärischen Konflikten des 18. Jahrhunderts. August der Starke, Kurfürst von Sachsen und König von Polen, strebte danach ein starkes mitteleuropäisches Reich aufzubauen. Doch obwohl die sächsische Armee einen guten Ruf als moderne Armee genoss, musste sie gegen das belächelte schwedische Heer unter dem jungen König Karl XII. eine Reihe empfindlicher Niederlagen hinnehmen. Der Autor analysiert die Strukturen der sächsischen Armee während des Krieges. Die üblichen Rekrutierungsbedingungen und Lebensumstände eines frühneuzeitlichen Heeres werden ausführlich dargestellt, ebenso wie die Feldzüge und Schlachten, an denen die kursächsische Armee beteiligt war.

Viele farbige Zeichnungen und Reproduktionen alter Gemälde, Karten, Paperback, 64 Seiten.

HEERE & WAFFEN

Messner, Florian / Seehase, Hagen

Der Landshuter Erbfolgekrieg

Der Landshuter Erbfolgekrieg von 1504 bis 1505 legte den Grundstein des gesamtbayerischen Herzogtums, aus dem das spätere Königreich Bayern hervorging. Maximilian I. konnte sich als Feldherr und als Reichsoberhaupt profilieren, Georg von Frundsberg erwarb erste Meriten und Götz von Berlichingen verlor eine Hand. Sein erstmaliger Kumpan und späterer Gegner Conz von Schottenstein machte seinem Ruf als „Heckenreiter“ alle Ehre und der „bayerische Attila“ verwüstete ganze Landstriche.

Heft 37 der Reihe Heere & Waffen

Cadek, Robert / Seehase, Hagen

Böckler- und Löwlerkrieg

Der Aufstieg der landesherrlichen Gewalt auf Kosten der Ritter entlud sich im späten 15. Jahrhundert in vielerlei Aufständen verschiedener Ritterbünde. In Niederbayern waren dies zunächst die “Böckler”, dann die “Löwler”. Der ganz und gar nicht heroische Bayernherzog Albrecht IV. erwies sich dabei als kluger Taktiker und fähiger Administrator, der sich gegen rebellierende Ritter, seine feindseligen Brüder und das misstrauische Reichsoberhaupt, Kaiser Friedrich III., zu behaupten wusste.

Heft 33 der Reihe Heere & Waffen

Alle derzeit lieferbaren Hefte aus der Reihe Heere & Waffen:

Heft 1 ~ Die Templer
Heft 2 ~ Hannibals Armee
Heft 3 ~ Die spanischen Guerillas
Heft 4 ~ Die US-Kavallerie, 1865–1890
Heft 5 ~ Die Langen Kerls
Heft 6 ~ Der Deutschorden
Heft 7 ~ Tannenberg 1410
Heft 8 ~ Die Armeen des Alten Orient
Heft 9 ~ Die Samurai der Sengoku-Zeit (Teil 1)
Heft 10 ~ Die Samurai der Sengoku-Zeit (Teil 2)
Heft 11 ~ Das Heer des Arminius
Heft 12 ~ Die Fahnen von Waterloo
Heft 13 ~ Die Sächsische Armee 1810–1813

Das Heer des Varus,
Heft 14 ~ Teil 1
Heft 17 ~ Teil 2
Heft 15 ~ Die Bayerische Armee 1806–1813
Heft 16 ~ Der Tolle Halberstädter

Heft 18 ~ Die etatmäßigen Dienstgrade und Dienststellungen in der französischen Armee 1804–1815

Das fränkische Heer der Merowingerzeit
Heft 19 ~ Teil 1
Heft 20 ~ Teil 2
Heft 22 ~ Teil 3
Heft 28 ~ Teil 4 - In Vorbereitung
Heft 21 ~ Die Armee Augusts des Starken im Nordischen Krieg
Heft 23 ~ Feldmarschall Pappenheim
Heft 24 ~ Die Streitkräfte Schleswig-Holsteins während der Erhebung 1848–1850

Die Heere der Hussiten
Heft 25 ~ Teil 1
Heft 26 ~ Teil 2
Heft 27 ~ Der preußische Infanterist im badischen Feldzuge 1849
Heft 29 ~ Der Deutsche Orden im 13-jährigen Krieg
Heft 30 ~ Die Burgunderkriege

Heft 31 ~ Die Heere des Schmalkaldischen Krieges
Heft 32 ~ Die Ennetbirgischen Feldzüge
Heft 33 ~ Böckler- und Löwlerkrieg
Heft 34 ~ Das Heer des Maximinus Thrax
Heft 35 ~ Der Venezianerkrieg
Heft 36 ~ Piraten in der Karibik
Heft 37 ~ Der Landshuter Erbfolgekrieg

Die Österreichische Armee von 1805 bis 1809
Heft 38 ~ Teil 1: Die Infanterie
Heft 39 ~ Teil 2: Grenzer, Landwehr & Jäger
Heft 40 ~ Teil 3: Kavallerie, Artillerie und andere Einheiten

Heft 41 ~ Die Kriegskunst der Assyrer von Sargon II. bis Assurbanipal
Heft 43 ~ Die Kursächsische Armee 1730–1732
Heft 44 ~ Die Galloglas – Irlands fremde Krieger

Die Hefte erhalten Sie bei BERLINER ZINNFIGUREN, Knesebeckstr. 88, 10623 Berlin ~ www.zinnfigur.com oder im gut sortierten Buchhandel.